НЕВИНОВНЫЕ В НЮРНБЕРГЕ

Слово в защиту подсудимых

Карлос Портер

NOT GUILTY AT NUREMBERG:
The German Defense Case
(in Russian)

НЕВИНОВНЫЕ В НЮРНБЕРГЕ:
Слово в защиту подсудимых
Карлос Портер

By Carlos Porter

(c) 2013

http://www.cwporter.com

Содержание

Предисловие 5
«Преступные» организации 7
Документы 10
Мартин Борман 14
Карл Денниц 15
Ганс Франк 18
Вильгельм Фрик 19
Ганс Фриче 21
Вальтер Функ 22
Курт Герштейн 24
Гюстав Гильберт 25
Герман Геринг 26
Рудольф Гесс 30
Рудольф Хёсс 31
Процессы над японскими «военными преступниками» 40
Альфред Йодль 43
Эрнст Кальтенбруннер 46
Вильгельм Кейтель 49
Константин фон Нейрат 51
Франц фон Папен 52
Эрих Редер 54
Иоахим фон Риббентроп 54
Альфред Розенберг и Эрнст Заукель 59
Ялмар Шахт 62
Бальдур фон Ширах 63
Артур Зейсс-Инкварт 64
Альберт Шпеер 66
Юлиус Штрайхер 67

Камеры в Нюрнбергской тюрьме, 1946 г.

Предисловие

Переписывание истории так же старо, как и сама история. Например, в «Анналах» Тацита (кн. XV, 38) упоминается слух о том, что Нерон поджёг Рим. Более поздние римские историки превратили этот слух в факт (Светоний, «Нерон», кн. V, 38; Дион Кассий, «Эпистола», кн. LXII; Плиний Старший, «Естественная история», кн. XVII, 5). Более поздние исследователи, в свою очередь, поставили под сомнение этот «факт» и превратили его обратно в слух.

В 1946 году считалось «доказанным фактом» то, что нацисты делали мыло из человеческого жира (Приговор Нюрнбергского процесса, IMT I 252 [283]; VII 597-600 [656-659]; XIX 506 [566-567]; XXII 496 [564]). Впоследствии, однако, этот «факт» также превратился в слух (см., например: Р. Хильберг, «Уничтожение европейских евреев», «окончательно пересмотренное и исправленное издание», Нью-Йорк: Holmes and Meier, 1985, стр. 966: «Источник слуха о мыле из человеческого жира неизвестен до сих пор»).

Слух этот, похоже, имеет советское происхождение. В гаагском Дворце мира выставлен большой сосуд с таинственным вонючим предметом, который никогда не сдавался на экспертизу (вещественное доказательство СССР-393). Работники Дворца демонстрируют его любознательным посетителям и говорят, что это и есть мыло из человеческого жира, но, похоже, не желают отвечать на письма тех, кто спрашивает, было ли подвергнуто это «мыло» научному исследованию.

В 1943 году ходили слухи о том, что нацисты убивают евреев паром, электричеством, газом, выкачивая воздух из помещения, варя и жаря их живьём (см., например, «The Black Book: The Nazi Crime Against the Jewish People», Нью-Йорк, 1946, стр. 270, 274, 280, 313; данная книга была предъявлена Нюрнбергской комиссии в качестве доказательства); к 1946 году газации стали «фактом», в то время как убийства при помощи пара, электричества, выкачивания воздуха, варки и жаренья остались обычным слухом. (Примечание. Убийства при помощи пара были «доказаны» на Процессе Поля, 4-й Нюрнбергский процесс, NMT IV 1119-1152.)

«Доказательства» того, что нацисты убивали евреев газом, с качественной точки зрения ничуть не лучше «доказательств» того, что евреев убивали посредством пара, электричества, варки, жаренья или выкачивания воздуха; будет вполне справедливо поставить под сомнение и эти «доказательства».

Данная работа представляет собой не переписывание истории, а всего лишь руководство по давно забытому историческому материалу. 312.022 нотариально засвидетельствованных письменных показания, представленные защитой на Нюрнбергском процессе 1945-1946 годов, были забыты, зато 8-9 письменных показаний со стороны обвинения, «опровергнувших» их, помнят до сих пор (XXI 437 [483]).

В данной работе содержится множество ссылок на номера томов и страниц. Речь идёт о сборнике материалов Нюрнбергского процесса (см. ниже в примечаниях). Эти ссылки приводятся не для того, чтобы смутить, запутать или впечатлить читателя или доказать справедливость приводимого утверждения, а для того, чтобы читатель смог легче найти нужный материал.

Вопрос о том, являются ли аргументы защиты более правдоподобными, нежели «доказательства», представленные обвинителями на различных процессах над «военными преступниками» (мыло из человеческого жира (документ СССР-197), носки из человеческих волос (документ СССР-511), бутерброды из человечины (вещественное доказательство 1873, Токийский процесс) и т.д. и т.п.), предоставляем на усмотрение читателя.

Примечания

IMT (International Military Tribunal) — главный Нюрнбергский процесс, проведённый четырьмя странами.

NMT (National Military Tribunal) — последующие (малые) Нюрнбергские процессы, проведённые только США (12 процессов).

Если не указано обратное, все номера страниц приводятся по американскому изданию материалов Нюрнбергского процесса (IMT); в квадратных скобках приводятся ссылки на немецкое издание.

Сборник материалов Нюрнбергского процесса на английском языке в 42 томах можно скачать в интернете на сайте «Military Legal Resources»:
http://www.loc.gov/rr/frd/Military_Law/NT_major-war-criminals.html

«Преступные» организации

Материалы защиты по так называемым «преступным организациям» состоят из устных показаний 102 свидетелей и 312.022 нотариально засвидетельствованных письменных показаний, данных под присягой (XXII 176 [200]).

Термин «преступный» так никогда и не был определён (XXII 310 [354]; см. также: XXII 129-135 [148-155]). Не было также точно установлено, когда эти организации стали «преступными» (XXII 240 [272-273]).

Что касается нацистской партии, то она стала преступной либо в 1920 году (XXII 251 [285]), либо, возможно, только в 1938 году (XXII 113 [130]), а, может, она никогда и не была преступной (II 105 [123]).

Как уже говорилось, Нюрнбергской «комиссии» были представлены 312.022 нотариально засвидетельствованных письменных показания, однако в судебных записях Нюрнбергского процесса они отсутствуют. Национальный архив, находящийся в Вашингтоне, протоколами заседаний «комиссии», в которых были бы зафиксированы эти показания, не располагает, никогда не слышал о таковых и даже не знает, что это такое, — не говоря уже о том, где их можно найти.

Из 312.022 письменных показаний на английский было переведено только несколько десятков, так что Трибунал не смог их прочесть (XXI 287, 397-398 [319, 439]). Председатель Трибунала Джеффри Лоренс, по-немецки, как известно, не понимал, так же как и Роберт Джексон, главный обвинитель от США.

Из-за «изменений в правилах», внесённых в последний момент (XXI 437-438, 441, 586-587 [483-485, 488, 645-646]), по техническим причинам было отклонено множество других письменных показаний (XX 446-448 [487-489]).

«Комиссия» составила так называемые резюме, которые и были переданы Трибуналу (десятки тысяч письменных показаний о гуманном обращении с заключёнными и т.д.). К материалам дела эти резюме приобщены не были. Трибунал пообещал прочесть все 312.022 письменных показания, прежде чем выносить свой вердикт (XXI 175 [198]). Через 14 дней было объявлено, что эти 312.022 письменных показания являются недостоверными (XXII 176-178 [200-203]).

Было решено, что 1 (одно) письменное показание, представленное обвинением (документ D-973), опровергает 136.000

(сто тридцать шесть тысяч) письменных показаний, представленных защитой (XXI 588, 437, 366 [647, 483-484, 404]).

Что касается 102 свидетелей защиты, то их заставили сначала дать показания перед «комиссией», после чего только двадцати девяти (XXI 586 [645]) или, согласно другим сведениям, двадцати двум (XXII 413 [468]) из них позволили выступить непосредственно на суде. При этом им запрещалось давать «совокупные» показания, то есть они не должны были повторять показания, данные ими перед «комиссией» (XXI 298, 318, 361 [331, 352, 398-399]).

Затем было решено, что показания всех 102 (ста двух) свидетелей защиты опровергаются 6 (шестью) письменными показаниями, представленными обвинением (XXI 153 [175]; XXII 221 [251]).

Одно из этих показаний было составлено на польском языке, так что защита не смогла его прочесть (XX 408 [446]). Ещё одно было подписано евреем по имени Шлома Гол, утверждавшим, что он собственноручно выкопал и сжёг 80.000 трупов, в том числе труп своего брата (XXI 157 [179]; XXII 220 [250]) (согласно британскому изданию материалов Нюрнбергского процесса, Гол выкопал «только» 67.000 трупов). Однако, ещё до того, как это заявление было предъявлено, обвинение уже прекратило представление доказательств (XX 389-393, 464 [426-430, 506]; XXI 586-592 [645-651]).

Впоследствии, в своём окончательном заключении, обвинение заявило, что суду было представлено 300.000 письменных показаний под присягой, принимавшихся к сведению по ходу процесса, создав тем самым впечатление, что это были документы обвинения (XXII 239 [272]). В действительности же за весь процесс обвинение представило лишь несколько по-настоящему ценных письменных показаний (см. например: XXI 437 [483], где трём сотням тысячам показаний защиты обвинение противопоставляет восемь или девять письменных показаний; см. также: XXI 200 [225], 477-478 [528-529], 585-586 [643-645], 615 [686-687]).

На различных процессах по делу концентрационных лагерей — например, на процессе Мартина Готфрида Вайсса — была установлена следующая нехитрая процедура: обычная работа в лагере, пусть даже в течение нескольких недель, является «конструктивным (правом предполагаемым) знанием» «Общего плана». Что собой представляет этот «Общий план», не уточнялось. Слова «заговор» старались, как правило, избегать с целью упрощения судопроизводства. Таким образом, можно было не приводить возможные случаи жестокого обращения, так же как и доказывать, что кто-либо умер в результате жестокого обращения. В итоге на процессе Мартина Готфрида Вайсса к смерти было приговорено 36 из 40 подсудимых.

Протоколы заседаний Нюрнбергской «комиссии» хранятся в Гааге, во Дворце мира, занимая половину несгораемого сейфа высотой с помещение. Показания каждого свидетеля были напечатаны на машинке и пронумерованы каждое в отдельности, а затем перепечатаны на тысячах страниц со сплошной нумерацией. Первые черновики и чистовики были разложены по папкам и сшиты ржавыми скобами с очень ломкой бумагой. Нет никаких сомнений, что этот материал никто никогда не читал — по крайней мере, в Гааге.

Резюме показаний 102 свидетелей напечатаны, главным образом, в томах XXI и XIII материалов Нюрнбергского процесса мелким шрифтом. Мелкий шрифт означает, что эти места были вырезаны из заключительной речи защиты (в противном случае, суд, согласно обвинению, занял бы гораздо больше времени). Данные материалы занимают несколько сотен страниц. Сборник материалов процесса, изданный в Великобритании, не содержит ни одного слова из этих материалов. В американском издании отсутствуют 11 страниц мелкого шрифта между параграфами 1 и 2 на стр. 594, том XXI. Они, однако, имеются в немецком сборнике (XXI 654-664). Похоже, что американское и немецкое издание являются более-менее полными.

Помимо прочего, в вышеуказанных материалах содержатся доводы по:

— тотальной войне (XIX 25 [32]);
— репарациям (XIX 224-232 [249-259]);
— немецким профсоюзам (XXI 462 [512]);
— гестапо и концентрационным лагерям (XXI 494-530 [546-584]);
— путчу Рема (XXI 576-592 [635-651]);
— Кристальной ночи (XXI 590-592 [649-651]);
— переселению (XXI 467-469, 599-603 [517-519, 669-674]);
— СД (службе безопасности; XXII 19-35 [27-47]);
— вооружению (XXII 62-64 [75-78]).

312.022 письменных показания хранятся, по-видимому, в каком-то немецком архиве.

Приговор Трибунала напечатан дважды, в томах I и XXII. Автор настойчиво рекомендует приобрести немецкое издание и прочитать приговор на немецком языке в томе XXII. Можно будет увидеть, что неправильные немецкие фразы и ошибки перевода, принадлежащие американцам, были в немецком издании исправлены и приведены вместе с подстрочными примечаниями. Ошибки подобного рода, содержащиеся в документах, можно считать доказательством подлога.

Вообще, немецкое издание материалов Нюрнбергского процесса предпочтительнее американского. В немецкой версии содержится множество примечаний, предупреждающих читателя о неверном переводе, отсутствующих документах и поддельных копиях (например, в томе XX немецкого издания на стр. 205 напечатано: «В оригинальном документе данная фраза отсутствует»).

Немецкое издание материалов Нюрнбергского процесса в мягком переплёте (22 тома, только стенограммы заседаний) можно приобрести у мюнхенского издательства «Delphin Verlag» (ISBN 3.7735.2509.5); американское издание на микроплёнке (42 тома, со стенограммами заседаний и документами) можно приобрести у издательства «Oceana Publications» (Dobbs Ferry NY). Кроме того, все 42 тома на английском языке выложены в интернете на сайте «Military Legal Resources» (см. выше в примечаниях).

Документы

Согласно стандартной версии событий, союзники изучили сто тысяч документов и отобрали из них одну тысячу, приобщив её к доказательствам, а оригинальные документы были затем отправлены на хранение в гаагский Дворец мира. В действительности же всё обстояло совсем не так.

Документы, использовавшиеся на Нюрнбергском процессе в качестве доказательств, состояли, по большей части, из «фотокопий» «копий». Многие из этих «оригинальных документов» были целиком записаны на обыкновенной бумаге неизвестными лицами, без каких-либо штампов или пометок от руки. Изредка на них можно обнаружить неразборчивые инициалы или подписи малоизвестных лиц, «удостоверяющих», что соответствующий документ является «верной копией». На некоторых из документов имеются немецкие печати, на некоторых печатей нет. Многие из документов были «обнаружены» советской стороной или же были «признаны подлинными» советской комиссией по расследованию военных преступлений.

К примеру, том XXXIII, состоящий из документов, содержит 20 протоколов допросов или показаний под присягой, 12 фотокопий, 5 неподписанных копий, 5 оригинальных документов с подписями, 4 копии печатного материала, 3 копии, напечатанные на мимеографе, 3 документа, переданных по телетайпу, 1 микрокопию, 1 копию, подписанную третьими лицами, и 1 копию неизвестного происхождения.

Оригинальных документов времён войны в Гааге крайне мало, если таковые там вообще имеются. Зато в Гааге имеется множество оригинальных послевоенных «аффидэвитов», или письменных показаний под присягой, протоколов заседаний Нюрнбергской «комиссии», а также много ценного материала защиты.

Там есть «мыло из человеческого жира», химический анализ которого никогда не проводился, а также «оригинальный способ изготовления мыла из человеческого жира» (документ СССР-196), являющийся фальшивкой. Однако там, по-видимому, нет ни одного оригинального немецкого документа времён войны.

В Гааге хранятся фотостатные негативные копии этих документов, выполненные на крайне ломкой бумаге и сшитые скобами. Для того чтобы сделать фотокопию фотостатов, скобы необходимо снять. После фотокопирования, при повторном сшивании, образуются новые дырки. Большинство этих документов фотокопировались весьма редко, и, как говорят работники из Дворца мира, их почти никто не спрашивает.

В вашингтонском Национальном архиве говорят, что оригинальные документы хранятся в Гааге (см.: Telford Taylor, «Use of Captured German and Related Documents», A National Archive Conference). В Гааге же говорят, что оригинальные документы хранятся в Вашингтоне.

В Государственном архиве Нюрнберга и в Федеральном архиве Кобленца также нет ни одного оригинального документа; при этом в обоих архивах утверждают, что оригинальные документы находятся в Вашингтоне. Учитывая, что оригиналы эти в большинстве случаев являются «копиями», часто нет никаких доказательств того, что соответствующие документы вообще когда-либо существовали.

Главный обвинитель от США Роберт Джексон с самого же начала процесса стал бесстыже ссылаться на такие поддельные или не имеющие никакой ценности документы, как PS-1947, PS-1721, PS-1014, PS-81, PS-212 и т.д. и т.п. (II 120-142 [141-168]).

Документ PS-1947 является «копией» «перевода» письма генерала Фрича (Fritsch) баронессе фон Шуцбар-Мильхлинг (von Schutzbar-Milchling). Позже баронесса даст письменное показание, заявив, что она никогда не получала подобного письма (XXI 381 [420-421]). «Письмо» генерала Фрича баронессе фон Шуцбар-Мишлинг было признано поддельным ещё во время процесса и не было включено в сборник документов (оно должно было появиться в томе XXVIII на стр. 44), однако суд не сделал Джексону замечания (XXI 380 [420]).

Энергичные американцы, похоже, подделали 15 «переводов» подобных «писем», после чего все «оригинальные документы» загадочно исчезли (см.: Telford Taylor, «Use of Captured German and Related Documents»).

Документ PS-1721 также является фальшивкой. В нём один штурмовик пишет рапорт самому себе о том, как им выполняется приказ, дословно приводимый в том же рапорте. Пометки на стр. 2-3, сделанные от руки, являются явной имитацией пометок со стр. 1 (XXI 137-141 [157-161], 195-198 [219-224], 425 [470]; XXII 147-150 [169-172]. См. также «Testimony Before the Commission» («Показания перед комиссией»), Фуст (Fust), 25 апреля, и Лютце (Lutze), 7 мая 1946 г.). В Национальном архиве хранится позитивный фотостат документа PS-1721, а в Гааге — негативный фотостат. «Оригинал» представляет собой фотокопию (XXVII 485).

Документ PS-1014 представляет собой «речь Гитлера», написанную неизвестным лицом на бумаге без каких-либо подписей или штампов. Документ имеет заголовок «Вторая речь», хотя известно, что в тот день Гитлер произнёс только одну речь. Имеются четыре версии данной речи, три из которых поддельные (PS-1014, PS-798, L-3) и одна — подлинная (Ra-27) (XVII 406-408 [445-447]; XVIII 390-402 [426-439]).

Одну из подделок, документ L-3, на котором стоит печать лаборатории ФБР, Трибунал так и не принял в качестве доказательства (II 286 [320-321]), однако 250 экземпляров её всё же были вручены журналистам как подлинные документы (II 286-293 [320-328]). А.Дж. Тейлор (A.J.P. Taylor) приводит этот документ на стр. 254 своей работы «The Origins of the Second World War» (Fawcett Paperbacks, 2nd Edition, with Answer to his Critics), указывая в качестве источника сборник «German Foreign Policy», Series D VII, №№ 192 и 193.

Вообще, документ L-3 служит источником множества заявлений, приписываемых Гитлеру, среди которых: «Кто сегодня помнит об участи армян?» и «Наши враги — жалкие черви, я видел их в Мюнхене». В нём «Гитлер» также сравнивает себя с Чингисханом и говорит, что он истребит всех поляков и даст Чемберлену ногой в пах перед объективами фотокамер. Этот документ, по-видимому, был напечатан на той же пишущей машинке, что и многие другие нюрнбергские документы, включая остальные две версии этой же речи. Вероятно, это была машинка модели «Martin», изготовленная фирмой «Triumph-Adler-Werke» из Нюрнберга.

Документ PS-81 является «верной копией» неподписанного письма, написанного неизвестным лицом на обыкновенной бумаге. Возможно, это набросок письма, которое так и не было отправлено. Постоянно утверждалось, что это письмо, написанное Розенбергом, но сам Розенберг это отрицал (XI 510-511 [560-561]). На документе нет подписи, инициалов, пробела для регистрационного номера (обязательного в этих случаях), и он не был найден среди бумаг адресата (XVII 612 [664]). Документ PS-81 является «фотокопией», представленной советской стороной (СССР-353, XXV 156-161).

Документ PS-212 также был составлен неизвестным лицом, полностью на обыкновенной бумаге, без каких-либо пометок от руки, без даты, адреса и печати (III 540 [602]; XXV 302-306; см. также фотокопии негативных фотостатов, хранящиеся в гаагском Дворце мира).

Всё это весьма типичные случаи. Так, документ PS-386, так называемый «протокол Хоссбаха» — речь, якобы произнесённая Гитлером 5 ноября 1938 года, — является «заверенной фотокопией» микрокопии «верной копии» (перепечатанной одним американцем) «верной копии» (составленной одним немцем) «письменных заметок Хоссбаха», никем не удостоверенных и составленных тем по памяти спустя пять дней после предполагаемой речи Гитлера. Это не самый худший документ, а наоборот, один из лучших, поскольку известно, кто изготовил одну из «копий». Текст документа PS-386 был вдобавок «отредактирован» (XLII 228-230).

Итак, «процесс на основе документов» работает следующим образом: неизвестное лицо А выслушивает «устные заявления», якобы сделанные лицом Б, после чего А делает заметки или составляет документ на основе этих предполагаемых устных заявлений. Затем документ приобщается к доказательствам, причём используется он не против лица А, составившего копию, а против лиц Б, В, Г, Д и целого ряда других лиц, несмотря на то, что с этим документом или предполагаемыми заявлениями их ничего не связывает. Впоследствии без зазрения совести утверждается, что «Б сказал», «В сделал», «Г и Д знали» и т.д. Подобная процедура противоречит нормам доказательственного права всех цивилизованных стран. Кроме того, подлинность этих документов с помощью свидетельских показаний даже не проверяется.

В Нюрнберге редко прибегали к подделыванию оригинальных документов, поскольку документы вообще не приводились на заседаниях суда. «Оригинальный документ» (то есть оригинальная неподписанная «копия») хранился в сейфе Центра документации (II 195 [224], 256-258 [289-292]).

Трибуналу представлялись 2 «фотокопии» (V 21 [29]) или 6 «фотокопий» (II 251-253 [284-286]) «копии». Все остальные копии получались на мимеографе с помощью трафарета (IX 504 [558-559]).

В стенограммах заседаний слово «оригинал» используется для обозначения фотокопии (II 249-250 [283-284]; XIII 200 [223], 508 [560], 519 [573]; XV 43 [53], 169 [189], 171 [191], 327 [359]), для того чтобы фотокопии можно было отличить от копий, полученных на мимеографе (IV 245-246 [273-274]).

«Переводы» всех документов имелись в распоряжении с самого начала процесса (II 159-160 [187-189], 191 [219-220], 195 [224], 215 [245], 249-250 [282-283], 277 [312], 415 [458], 437 [482-483]), однако «оригинальные» немецкие тексты появились не ранее чем через два месяца. Это справедливо не только для меморандумов по делу, обвинительного акта и т.д., но для всех документов вообще. Защите удалось получить документы на немецком языке только 9 января 1946 года, если не позже (V 22-26 [31-35]).

В число документов, которые, по всей видимости, были составлены на вышеприведённой пишущей машинке, входят также документ PS-3803, «письмо» Кальтенбруннера мэру Вены и «сопроводительное письмо» данного мэра, отославшего «письмо» Кальтенбруннера в Трибунал (XI 345-348 [381-385]). В этом «письме» Кальтенбруннера содержится неправильный географический термин (XIV 416 [458]).

Мартин Борман

Борман был обвинён в «гонениях на церковь» и множестве других преступлений. Его адвокат Бергольд указал на то, что многие современные страны (намекая на СССР) открыто заявляют о своём атеистическом характере и что приказы, запрещающие священникам занимать высокие партийные должности, никак нельзя считать «гонениями». Бергольд добавил: «Партия называется преступной, заговорщической. Является ли тогда преступлением не давать определённым людям участвовать в преступном заговоре? Является ли это преступлением?» (V 312 [353])

Суду были представлены документы, в которых Борман запрещает преследование по религиозному признаку и открытым текстом разрешает преподавать религию (XXI 462-465 [512-515]). В своих приказах Борман требовал использования полной цитаты из библии; пропуски, изменения или искажения текста запрещались. Церкви получали правительственные субсидии вплоть до конца войны. Ограничения на печатанье газет, введённые во время войны из-за дефицита бумаги, распространялись на все газеты, а не только на религиозные (XIX 111-124 [125-139]; XXI 262-263, 346, 534, 539 [292-293, 383, 589, 595]; XXII 40-41 [52-53]).

Адвокат Бормана без особого труда показал, что Бормана нельзя было признать виновным в совершении какого-либо уголовного преступления по законам какой-либо страны, поскольку ясно, что стенографисты не могут нести уголовную ответственность за все подписываемые ими документы. Было не совсем ясно, до какой степени Борман действовал в качестве обычного стенографиста или секретаря, однако обвинение это мало интересовало, и в итоге Борман был приговорён к повешению. Приговор должен был быть приведён в исполнение немедленно, невзирая на множество свидетельств, согласно которым Борман погиб в результате взрыва танка и поэтому вряд ли находился в целостном виде, что делало его повешение несколько затруднительным (XVII 261-271 [287-297]).

Карл Дениц

Дениц был приговорён к 10 годам тюрьмы за ведение «незаконной подводной войны» против англичан. Согласно международному праву, всё основывается на взаимности и международных конвенциях, которые можно провести в жизнь только с помощью взаимности. Во время войны лучшей защитой от какого-либо оружия является решительный ответ тем же самым оружием. Англия, являвшаяся владычицей морей, в обеих мировых войнах применяла блокаду и так называемую систему нависерта. Англичане останавливали в море нейтральные корабли, заставляли их следовать в британские порты и там обыскивали их, используя хитроумные формулы: если количество пищи, удобрений, шерсти, кожи, резины, хлопка и т.д., импортируемое какой-либо нейтральной страной, превышало количество, необходимое той для внутреннего потребления (согласно мнению самих англичан), то это означало, что разница предназначалась для отправки немцам. В итоге корабль (и весь груз) конфисковывался и продавался с аукциона, что нарушало также условия всех британских договоров морского страхования.

В 1918-1919 годах, уже после заключения перемирия, англичане в течение восьми месяцев поддерживали блокаду, чтобы заставить немцев ратифицировать Версальский мирный договор. Это представляло собой грубое нарушение условий соглашения о перемирии и всех норм международного права. В результате этого, пока дипломаты выжидали, сотни тысяч немцев умерли от голода. Гитлер справедливо назвал это «самым крупным нарушением обещания всех времён». Англичане, в свою очередь, утверждали, что сама блокада была законной, но проводилась она в незаконной манере (см.: «1911 Encyplopaedia Britannica», ст. «Neutrality»; «1922 Encyclopaedia Britannica», ст.ст. «Blockade», «Peace Conference»).

Нейтральные страны, включая США, жаловались, что это нарушает их нейтралитет, но, несмотря на это, шли на уступки и подчинялись желаниям англичан в нарушение своего нейтралитета. А государство, позволяющее нарушать свой нейтралитет, может рассматриваться как воюющая сторона. (Кстати, во время войны с Японией американцы, по их собственному утверждению, «топили всё, что движется, с первого же дня войны».)

Англичане так и не ратифицировали 5-ю Гаагскую конвенцию о правах нейтральных сторон от 18 октября 1907 г., но при этом они считали, что её условия являются обязывающими для немцев и японцев, несмотря на то, что в конвенции содержался пункт о всеобщем участии; согласно этому пункту, конвенция становится недействительной, если в конфликте участвует сторона, не подписавшая конвенцию.

В 1939 году у Германии имелись только 26 подводных лодок, годных для эксплуатации в Атлантическом океане, что составляло пятую часть от подводного флота одной только Франции. Кроме того, немецкие подводные лодки были значительно меньше подводных лодок других стран. Контрблокаду против Англии можно было поддерживать, только дав нейтральным государствам предостережение не плавать в водах, окружающих Британские острова. Для англичан это являлось «преступлением».

Из этих 26 подводных лодок многие одновременно находились на ремонте, так что в течение некоторых месяцев для плавания были годны только 2-3 подводные лодки. Очевидно также, что подводные лодки не могут производить обыск и конфискацию так, как это делают надводные суда — всплыв на поверхность, подводная лодка становится практически беззащитной даже перед самой малой пушкой, установленной на торговом судне, не говоря уже о радио, радаре и авиации.

В Нюрнберге англичане заявили, что немецкие подлодки должны были всплывать на поверхность и извещать надводное судно о своём намерении произвести обыск. Далее немцам следовало подождать, пока надводное судно не начнёт бой, и только после этого они могли топить судно (вероятно, орудиями, установленными на палубе подлодки). После этого они должны были взять десятки или сотни оставшихся в живых членов экипажа на борт подлодки (где те находились бы в гораздо большей опасности по сравнению со спасательной шлюпкой) и доставить к ближайшей земле. Если при этом появлялись английские самолёты и топили подлодку, в результате чего гибли члены экипажа надводного судна (в том числе английского), то считалось, что их убили немцы.

Это просто смешно. Ни одна международная конвенция не требует подобного, и ни одно государство не воюет подобным образом. Учитывая, что операции по спасению утопающих делали подводную лодку беззащитной и нередко приводили к гибели подводной лодки и её экипажа, Дениц запретил любые спасательные операции. Это было названо приказом об «уничтожении утопающих». Впрочем, в обвинительный приговор это включено не было.

Деница обвинили также в том, что он призывал немецкий народ к тщетному сопротивлению (Черчилль, кстати, также совершил это «преступление»). На это Дениц ответил: «Нам было очень больно от того, что наши города продолжали уничтожать бомбардировками и что эти бомбардировки и продолжающаяся война отнимали всё новые и новые жизни. Число погибших в результате этого составляет 300-400 тысяч человек, большинство из которых погибло при бомбёжке Дрездена, которая не была оправдана с военной точки зрения и которую нельзя было предвидеть. Тем не менее, это число относительно невелико по сравнению с теми миллионами немцев — солдат и мирных жителей, — которые бы погибли на Востоке, если бы мы капитулировали зимой [1945 года]».

Смотри о Денице здесь: XIII 247-406 [276-449]; XVIII 312-372 [342-406].

Ганс Франк

Франк был обвинён в сотнях антисемитских заявлений, сделанных им в своём так называемом «дневнике». В этом «дневнике», состоящем из 12 тысяч страниц, имеется только одна страница, подписанная самим Франком; кроме того, там содержатся сотни весьма гуманных заявлений, которые, однако, были проигнорированы (XII 115-156 [129-173]). Антисемитские заявления были отобраны советской стороной и включены в отдельный небольшой документ, PS-2233, который был приобщён к доказательствам и который неизменно назывался «дневником Франка».

Настоящий же «дневник», состоящий из 12 тысяч страниц, содержит изложение (не дословные протоколы или стенограммы) конференций, на которых нередко одновременно говорили 5 или 6 человек, что вносило изрядную путаницу: не всегда можно было понять, кому принадлежат те или иные заявления (XII 86 [97-98]).

Франк передал американцам свой «дневник», рассчитывая, что тот станет доказательством его невиновности; так, в своих речах он протестовал против противоправных, на его взгляд, действий Гитлера, сильно при этом рискуя, и 14 раз пытался уйти в отставку (XII 2-114 [8-128]; XVIII 129-163 [144-181]).

Прочтя в «иностранной прессе» ряд статей о советском Майданском процессе, Франк решил, что злодеяния в немецких концлагерях действительно имели место (XII 35 [43]). Что касается Освенцима, то тот не входил в состав территории, подконтрольной Франку.

Франк видел свою миссию в создании независимой судебной системы в национал-социалистическом государстве; в конце концов он решил, что эта миссия невыполнима. В речи от 19 ноября 1941 года Франк заявил: «Закон нельзя низвести до такого уровня, при котором он является предметом торга. Закон нельзя продать. Либо он есть, либо его нет. Законом нельзя торговать на бирже. Если закон не находит поддержки, то государство теряет свою моральную опору и погружается в пучину тьмы и террора».

Стоит подчеркнуть, что «противоправные» действия Гитлера никогда не включали в себя утверждение «законов с обратной силой», просто в трёх случаях наказание было ужесточено задним числом (XVII 504 [547]).

Что касается «разграбления произведений искусства», в котором будто бы участвовал Франк, то этот вопрос будет рассмотрен в главе о Розенберге.

Вильгельм Фрик

Фрик был повешен за «онемечивание» жителей Познани, Данцига, Западной Пруссии, Эйпена, Мальмеди, Судетской области, Мемельского края и Австрии (!). Все эти территории, за исключением Австрии, входили в Германскую империю и были отторгнуты от Германии в результате Версальского договора. Кроме того, все эти области, не считая франкоязычного Мальмеди, были германоязычными. Что касается Австрии, то после 1919 года она испытывала большие экономические трудности, и австрийцы потребовали присоединения к Германии путём плебисцита. В ответ державы-победительницы пригрозили отрезать Австрию от всех поставок продовольствия (XVIII 55 [66]; XIX 360 [397]).

Ещё одним преступлением, якобы совершённым Фриком, было убийство 275 тысяч душевнобольных, согласно «докладу» одной чехословацкой «комиссии по военным преступлениям».

Так же как и в случае с Герингом, на Фрика была возложена ответственность за существование концентрационных лагерей. В его защиту было сказано, что законы о превентивном аресте были приняты как в Германии, так и в Австрии ещё до прихода национал-социалистов к власти. В Австрии данный закон назывался «Anhaltehaft», и по нему в тюрьмы были заключены тысячи национал-социалистов (XXI 518-521 [572-576]). Что касается Германии, то закон о превентивном аресте существует в ней и поныне под названием «U-haft» («Untersuchungshaft»).

В окончательном приговоре одного из самых крупных процессов над служащими Дахау, процесса Мартина Готфрида Вайса и 39 других лиц («Trial of Martin Gottfried Weiss and Thirty-Nine Others», «Law Reports of Trials of War Criminals», Т. XI, стр. 5, опубликовано ООН), содержится следующая фраза: «В деле по концентрационному лагерю Маутхаузен обстоятельства были, в основном, те же, хотя число жертв было гораздо больше, так как массовые убийства [в Маутхаузене] совершались с помощью газовой камеры».

Не является ли это признанием того, что в Дахау не было газовых камер? Согласно сборнику судебных материалов «Law Reports of Trials of War Criminals», ни на одном процессе над служащими Дахау так и не было доказано существование в Дахау газовых камер.

В Нюрнберге к доказательствам в качестве документа PS-3590 была приобщена «верная копия» приговора процесса Мартина Готфрида Вайса и 39 других лиц, однако вышеприведённая фраза была оттуда вычеркнута (V 199 [228]). Заявления о массовом уничтожении в Дахау с помощью газа содержатся ещё в трёх документах: PS-3249 (V 172-173 [198]; XXXII 60), PS-2430 (XXX 470) и L-159 (XXXVII 621).

Франц Блаха — свидетель, давший письменное показание о «массовых газациях в Дахау», документ PS-3249 (составленный Даниелем Л. Марголисом, замешанным также в подделке трёх речей Гитлера, XIV 65 [77]), — обвинил Фрика в том, что тот посещал Дахау. Фрик отверг это обвинение и потребовал вызвать Блаху в суд для проведения с ним очной ставки. Фрику было в этом отказано. Похоже, он смирился с этим решением: давать показания он так и не стал. Заключительную речь его адвоката смотри здесь: XVIII 164-189 [182-211].

Что касается Франца Блаха, ярого коммуниста, то в 1961 году он стал президентом Международного комитета бывших узников Дахау и продолжал утверждать, что он был свидетелем массовых газаций и лично делал брюки и другие кожаные изделия из человеческой кожи.

Процесс Мартина Готфрида Вайса хранится на шести рулонах микроплёнки (MII 74) в вашингтонском Национальном архиве. Материалы предварительного судебного расследования, относящиеся к «газовой камере» Дахау (отчёт, чертёж, душевая головка (рулон № 1)), так и не были приобщены к доказательствам и не входят в окончательные вещественные доказательства процесса (рулон № 4). В стенограммах заседаний суда (рулоны №№ 2 и 3) нет ни одного упоминания о каких-либо газовых камерах Дахау, за исключением нескольких предложений из показаний Блахи (Т. 1, стр. 166-169). Что касается «человеческой кожи», то оказалось, что это была кожа крота (Т. 4, стр. 450, 462, 464).

Ганс Фриче

Прочтя одно письмо, Фриче решил, что в СССР совершаются массовые убийства, и попытался это проверить, однако никаких доказательств этого он так и не обнаружил (XVII 172-175 [191-195]).

Фриче — весьма важный подсудимый, так как в случае с ним было сделано допущение о том, что зарубежная пресса печатала много лживой информации о Германии (XVII 175-176 [194-196]; см. также: XVII 22-24 [30-33]). Однако газетные статьи и передаваемые по радио сообщения подобного рода как раз и составляли «общепризнанные факты», не требовавшие, согласно уставу

Трибунала, доказательств (ст. 21 правил доказывания, I 15 [16]; II 246 [279]).

Защитники Фриче указали на то, что ни одна международная конвенция не регулирует пропаганду или рассказы о злодеяниях, подлинные или нет, и что закон только одного государства (Швейцарии) запрещает оскорблять глав иностранных государств.

Впрочем, то, что Фриче действительно мог быть невиновен, в Нюрнберге считалось не столь важным. Главным было не допустить процесса, в котором все подсудимые были бы осуждены. Как следствие, на закулисных торгах, предшествовавших вынесению окончательного вердикта, было решено, что Фриче можно оправдать.

Смотри о Фриче здесь: XVII 135-261 [152-286]; XIX 312-352 [345-388].

Вальтер Функ

Функ был пианистом из уважаемой семьи и бывшим финансовым издателем. Как и большинство других подсудимых, Функа обвинили в совершении «аморальных поступков», доказывающих его «добровольное участие в Общем плане», — таких, как принятие от Гитлера подарков ко дню рождения (в подобных вещах, разумеется, нет ничего противозаконного).

Функ сказал, что англичане и поляки сговорились втянуть Германию в войну в надежде на то, что Гитлер будет свергнут немецкими генералами (XIII 111-112 [125-126]).

Функа обвинили в том, что он убедил эсэсовцев убивать узников концлагерей и вырывать у них золотые зубы; это должно было помочь военной промышленности. Вырванные зубы хранились в сейфе Рейхсбанка рядом с инструментами для бритья, авторучками, будильниками и прочим ненужным хламом. Обвинение, похоже, забыло о том, что, согласно показаниям коменданта Рудольфа Хёсса, золотые зубы в Освенциме плавились (XI 417 [460]).

Функ заявил, что количество и виды награбленного просто смехотворны и указал на то, что СС действовала также в качестве таможенной полиции и следила за соблюдением правил валютного контроля, в число которых входил запрет на владение золотом, серебром и иностранной валютой. Было вполне естественно, что СС конфисковывала большое количество ценных вещей и что она, будучи правительственным учреждением, имела финансовые счета, на которых, помимо прочего, хранились драгоценности. Немецкие граждане также хранили драгоценности в сейфах Рейхсбанка, к которым СС, однако, не имела доступа, поскольку то были частные вклады.

По мере усиления бомбардировок союзников простые немецкие граждане стали сдавать в банк на хранение всё больше ценных вещей. В конце концов, после особо разрушительного налёта на здание Рейхсбанка, ценные вещи были перевезены в Тюрингию на одну шахту по добыче калия. Там эти ценности обнаружили американцы и сняли о них лживый фильм. Функ и его адвокат доказали лживость этого фильма, допросив одного свидетеля обвинения; этот допрос стал одним из самых захватывающих перекрёстных допросов на всём процессе (XIII 169 [189-190], 203-204 [227-228], 562-576 [619-636]; XXI 233-245 [262-275]).

Столь же быстро было опровергнуто и нелепое письменное показание Освальда Поля, документ PS-4045, в котором Функ обвинялся в обсуждении на одном званном обеде (в присутствии десятков людей, включая официантов) использования золотых зубов убитых евреев для финансирования военной промышленности (XVIII 220-263 [245-291]). Данное показание было составлено на немецком языке и подписано Робертом Кемпнером в качестве свидетеля. Впоследствии Поль был приговорён к смертной казни за убийство людей паром в 10 «паровых камерах» Треблинки и изготовление половиков из их волос (NMT IV 1119-1152; Четвёртый малый Нюрнбергский процесс).

Как и другие подсудимые, Функ решил, что «преступления против человечества» действительно совершались, но продолжал утверждать, что он о них ничего не знал. Это, разумеется, ещё не означает, что данные преступления действительно имели место.

Курт Герштейн

Курта Герштейна часто называют холокостным свидетелем, что, однако, неверно. Под свидетелем, как правило, понимается лицо, видевшее какое-либо событие и явившееся в суд для дачи показаний, основанных на его личном опыте. Герштейн же этого не делал. Герштейн был лицом, давшим письменные показания, не скреплённые присягой; иными словами, его имя присутствует в конце «показаний», напечатанных на машинке на французском языке, которые он, возможно, составил, а, возможно, и не составлял (документ PS-1553, отклонённый в Нюрнберге) (VI 333-334 [371-372], 362-363 [398-399]).

Широко распространено предание, согласно которому Герштейн, находясь во французской тюрьме Шерше-Миди, составил свои знаменитые показания и затем покончил жизнь самоубийством, после чего тело его загадочно исчезло без следа.

Более вероятным, однако, представляется то, что данные показания были составлены на французском языке неким следователем-«переводчиком» (возможно, немецким евреем) и что некоторые противоречия, встречающиеся в тексте (например, зима в августе месяце или машина, превращающаяся в следующем предложении в поезд), вызваны небрежным переводом протоколов допросов в форму письменных показаний. На менее важных, а также на японских процессах над «военными преступниками» подобные «письменные показания», не скреплённые присягой, были обычным делом — считалось, что они обладают «доказательной силой», но при этом являются менее «вескими», нежели показания, данные под присягой.

Не исключено также, что Герштейн умер от увечий, полученных им в ходе допросов, или же повесился на ленте от пишущей машинки.

«Показания» Герштейна обильно цитировались в ходе процесса Освальда Поля, на котором было «доказано», что в Треблинке имелось 10 «газовых камер» (PS-1553) и 10 «паровых камер» (PS-3311) — всё это в одном и том же лагере в одно и то же время.

Гюстав Гильберт

Один из самых знаменитых рассказов о поведении и психическом состоянии подсудимых на Нюрнбергском процессе можно найти в книге психолога Гюстава Марка Гильберта (сына еврейских эмигрантов из Австрии) «Нюрнбергский дневник» (в 2004 году она вышла на русском языке в издательстве «Русич»). Она состоит, в основном, из бесед, которые подсудимые и другие лица (такие, как комендант Освенцима Рудольф Хёсс) будто бы вели с Гильбертом или между собой (!) и которые Гильберт впоследствии будто бы воспроизвёл по памяти.

Сравнив писанину Гильберта со стенограммами заседаний суда в Нюрнберге, можно увидеть, что подсудимые говорили совершенно не в том стиле, какой приписывает им Гильберт. Кроме того, Гильберт во время предполагаемых бесед не делал никаких заметок, и никакие свидетели при этом не присутствовали.

Те, кто думает, что документы PS-1014, PS-798 и L-3 являются «речами Гитлера» (по крайней мере, по сравнению с документом Ra-27), вполне могут поверить, что в книге Гильберта содержатся «заявления подсудимых на Нюрнбергском процессе». Впрочем, это не исключает того, что они могли делать заявления, схожие с теми, которые затем «вспомнил» Гилберт.

Гильберт считал, что подсудимые истребили в газовых камерах миллионы евреев. Если они при этом не ощущали вины за содеянное, то это означает, что они были шизофрениками. Подобное убеждение, разумеется, не могло не сказаться на восприятии и памяти Гильберта, даже если предположить, что он говорит правду и действительно беседовал с подсудимыми. Если же он лжёт, то он далеко не единственный «американец», который лгал на Нюрнбергском процессе. Так, Телфорд Тейлор (руководитель группы адвокатов по «военным преступлениям» во время Нюрнбергского процесса) был не в состоянии без ошибок повторить даже самое простое заявление (сравни заявления генерала Манштейна (XX

626 [681-682]) с «цитатой», приводимой Тейлором (XXII 276 [315])).

Лучшее доказательство того, что Гильберт лжёт, — это запись от 14 декабря 1945 г.: «Майор Уолш продолжил читать документальные доказательства уничтожения евреев в Треблинке и Освенциме. В одном польском документе говорилось: "Все жертвы должны были снять одежду и обувь, которые затем складывались в отдельном месте; после этого все жертвы (сначала — женщины и дети) велись в камеры смерти... Малых детей просто забрасывали вовнутрь"» (стр. 69, 1-е издание).

«Документальные доказательства», о которых говорится выше, — это не что иное, как «сообщение о военных преступлениях», составленное коммунистами, а «камеры смерти» — это «паровые камеры» (III 567-568 [632-633]).

Герман Геринг

Геринга обвинили в создании системы концентрационных лагерей и планировании «агрессивной войны» против Польши. В свою защиту Геринг сказал, что Германия является суверенным государством, признанным всеми странами мира (XXI 580-581 [638-639]), что Гитлер был избран законным путём, что у каждого государства есть право на принятие таких законов и ведение таких дел, которые оно сочтёт необходимыми, что генерал фон Шлейхер (рейхсканцлер Германии в декабре 1932 г. — январе 1933 г.) хотел править в нарушение закона и конституции, не имея поддержки национал-социалистов, что в 1933 году Германия находилась на пороге гражданской войны, что концлагеря были изобретены англичанами во время англо-бурской войны и что интернирование подданных вражеских государств и политических оппонентов практиковалось во время Второй мировой войны и Великобританией, и США.

(Вообще-то концлагеря были изобретены не англичанами, а французами во время Великой французской революции 1798-1799 гг. с целью изолирования крестьян Вандеи; концлагеря считались полностью демократическим учреждением.)

Нет никаких сомнений, что приказ о создании концлагерей в Германии был законным: он основывался на статье о чрезвычайных ситуациях Веймарской конституции и был подписан самим Гинденбургом (указ рейхспрезидента от 28 февраля 1933 г.) согласно ст. 48, п. 2, Веймарской конституции (XVII 535 [581]; XIX 357 [394]).

Согласно документу R-129, представленному обвинением (III 506 [565-566]), в 1939 году число заключённых во всех немецких лагерях составляло, в общей сложности, 21.400 человек. 300 тысяч человек при этом находились в обычных тюрьмах (XVII 535-536 [581-582]; XX 159 [178]).

Через год после окончания войны в союзнических лагерях для интернированных лиц на основании пунктов об «автоматическом аресте» из союзнических соглашений (например, пункта B-5 Совместной потсдамской декларации) содержалось 300 тысяч немецких граждан (XVIII 52 [62]).

До войны бо́льшую часть заключённых немецких концлагерей составляли коммунисты и обычные преступники (XVII 535-536 [581-582]; XXI 516-521 [570-576], 607-614 [677-685]).

После начала войны, вследствие союзнической блокады, система концлагерей была расширена, и в ней стал применяться труд подданных вражеских государств, преступников, свидетелей Иеговы и коммунистов. Кстати, как было отмечено в Нюрнберге, в тех же США в тюрьмах находилось 11 тысяч свидетелей Иеговы (XI 513 [563]).

В обеих мировых войнах Великобритания применяла блокаду в отношении Германии и всех оккупированных ею территорий, что грубо нарушало нормы международного права (XIII 445-450 [492-497]; XVIII 334-335 [365-367]). С целью недопущения массового голода немецкие власти были вынуждены вводить на оккупированных территориях реквизиции и трудовую повинность, что, кстати, было вполне законно согласно статье 52 4-й Гаагской конвенции о сухопутной войне от 18 октября 1907 года. Люди были только рады возможности работать в Германии, откуда они переводили своим семьям деньги из зарплаты (денежные переводы за всю войну составили от двух до трёх миллиардов рейхсмарок).

Так называемые «рабы» платили налоги и могли быть подвергнуты взысканию, размер которого не должен был превышать недельное жалованье (V 509 [571]). За серьёзные дисциплинарные проступки иностранных рабочих могли отправить в трудовой лагерь (не путать с концентрационным) на срок не более 56 дней (XXI 521 [575-576]). Бить рабочих или дурно с ними обращаться было строжайше запрещено.

Военнопленные могли ходатайствовать об освобождении из лагерей для военнопленных и устройстве на работу в промышленности; в этом случае с ними обращались как с любыми другими работниками промышленности (XVIII 496-498 [542-544]), но при этом действие Женевской конвенции об обращении с военнопленными на них больше не распространялось. Всё это делалось исключительно на добровольной основе.

Вишистский режим во Франции добился освобождения и немедленного возвращения на родину одного военнопленного взамен на трёх рабочих, отправленных на работу в Германию по контракту сроком на шесть месяцев (XVIII 497 [543]). Стоит также подчеркнуть, что было просто невозможно нарушать Женевскую конвенцию об обращении с военнопленными, заставляя французских, бельгийских или голландских военнопленных участвовать в боевых действиях против их собственных стран, по той простой причине, что их страны уже вышли из войны (XVIII 472-473 [516]).

Что касается нападения на Польшу, то польский кризис возник ещё за год с лишним до подписания советско-германского пакта о ненападении и ввода советских и германских войск в Польшу. За всё это время поляки так и не удосужились обратиться в беспристрастный международный третейский суд или в Лигу наций, поскольку им не нужно было решение, справедливое для всех сторон. Чего они хотели, так это и дальше нарушать свои международные соглашения, изгоняя польских граждан немецкой национальности, так же как и сотни тысяч евреев (XVI 275 [304]).

Согласно многим подсудимым и свидетелям защиты, массовый приток польских евреев в Германию был одной из главных и непосредственных причин германского антисемитизма (XXI 134-135 [155]; XXII 148 [169]). Польские евреи были замешаны во множестве финансовых скандалов и мошеннических схем, в том числе в знаменитом деле «Бармат-Кутискер» (XXI 569 [627]).

Что касается «подстрекательства к ведению войны в нарушение международного права», то теми, кто действительно так поступал, были англичане со своими ковровыми бомбардировками. Немецкие же солдаты шли в бой с подробными письменными инструкциями, согласно которым чужое имущество следует уважать, с военнопленными следует обращаться гуманно, женщин следует уважать и т.д. и т.п. (IX 57-58 [68-69], 86 [100-101]; XVII 516 [560]).

Немцы часто проводили военно-полевые суды, в результате которых многие немецкие солдаты и офицеры были приговорены к смертной казни за изнасилование или грабёж, даже если стоимость награбленного имущества была сравнительно невелика (XVIII 368 [401-402]; XXI 390 [431]; XXII 78 [92]).

Что касается конфискации государственной собственности, то она была законной согласно Гаагской конвенции. СССР, кстати, не подписал эту конвенцию, а частная собственность в коммунистических странах была запрещена. Геринг сказал, что он бывал в России, и красть там было просто нечего (IX 349-351 [390-393]).

Стоит также отметить, что к моменту Нюрнбергского процесса союзники совершили буквально всё, в чём они обвиняли немцев (XXI 526 [581]; XXII 366-367 [418-420]).

Геринг отверг обвинение в «медицинском эксперименте с барокамерой», сказав, что все лётчики должны испытывать свои физические реакции на большой высоте; в барокамере как таковой нет ничего зловещего (XXI 304-310 [337-344]). Американцы сами проводили медицинские эксперименты, нередко заканчивавшиеся гибелью испытуемого, в том числе во время Нюрнбергского процесса (XIX 90-92 [102-104]; см. также: XXI 356, 370 [393, 409]).

Любопытно, что Трибунал совершенно серьёзно заявил, что оборонительная война может включать в себя превентивное нападение (XXII 448 [508]), а также нападение с целью защиты граждан другого государства от их собственного руководства (XIX 472 [527]; XXII 37 [49]), если только нападающей стороной была не Германия (X 456 [513]). Возражения о том, что именно это и делали немцы, были попросту проигнорированы.

СССР скопил вдоль советско-германской границы 10.000 танков и 150 дивизий и увеличил количество аэродромов в приграничной зоне с 20 до 100. Впоследствии были найдены подробные карты, непригодные для оборонительных целей. Немецкое руководство решило, что сидеть и ждать нападения Красной Армии на нефтяные поля Румынии или угольные бассейны Силезии является самоубийством (XIX 13-16 [20-23]; XX 578 [630-631]; XXII 71 [85]).

Представляется сомнительным, что государства с обширными колониальными владениями (Великобритания, Франция) или с притязаниями на целые полушария (США) могли найти устраивающее их определение агрессивной войны. И действительно, в приговоре Нюрнбергского процесса было признано, что понятия «оборона», «агрессия» и «заговор» так и не были определены (XXII 464, 467 [527, 531]). Похоже, что так называемая «агрессивная война» — это не что иное, как средневековый принцип «победитель всегда прав», всего лишь переформулированный на либеральный манер.

Смотри о Геринге здесь: IX 236-691 [268-782]; XVII 516-550 [560-597]; XXI 302-317 [335-351].

Рудольф Гесс

Согласно отчёту Роберта Джексона (приводимому судьёй Бертом Рёлингом (Bert A. Röling) с Токийского процесса в сб.: «A Treatise on International Criminal Law», Т. 1., стр. 590-608, под редакцией M. Cherif Bassiouni и Ved. F. Nanda, изд-во «Chas Thomas Publisher»), в Нюрнберге англичане, французы и русские — по вполне понятным причинам — не хотели обвинять немцев в ведении «агрессивной войны». Данный пункт обвинения был придуман американцами — исключительно для того, чтобы оправдать многочисленные нарушения норм международного права, имевшие место со стороны США (что американцы особо и не скрывали).

В число этих нарушений входят: ленд-лиз; сопровождение и ремонт британских боевых кораблей ещё за два года до Пирл-Харбора; данное англичанам разрешение маскировать их корабли под американские ещё тогда, когда США официально сохраняли нейтралитет; незаконное объявление 300-мильной зоны, ограничивающей территориальные воды США; оккупация Исландии; докладывание англичанам о перемещении немецких и итальянских подводных лодок; бомбардировки и таран немецких и итальянских подводных лодок начиная с июля 1941 года; другие действия, служащие явными признаками «агрессивной войны».

Таким образом, Гесс провёл 47 лет в тюрьме не только за действия, которые не были незаконными (героическая попытка остановить войну, спасти миллионы человеческих жизней и предотвратить разрушение Европы и Британской империи), но и за «преступления», которые были выдуманы с целью сокрытия преступлений его обвинителей.

В Нюрнберге не утверждалось, что Германия совершила акт агрессии в отношении Англии или Франции; таким образом, логично вытекающий отсюда вопрос о том, совершили ли Англия и Франция акт агрессии в отношении Германии, остался без ответа (IX 473 [525]; XVII 580 [629]).

Гесса обвинили в том, что он сговорился с Гитлером вывести Англию из войны, с тем чтобы Гитлер смог напасть на СССР. На это Гесс ответил, что его действия были продиктованы искренностью и что о готовящемся нападении на СССР он ничего не знал.

Заключительную речь адвоката Гесса смотри здесь: XIX 353-396 [390-437]. Из последнего слова Гесса (его единственного устного заявления на всём процессе, XXII 368-373 [420-425]) явствует, что это — человек, который из полностью сумасшедшего мог тут же превратиться в невероятно рассудительного, здравомыслящего и последовательного, и наоборот. Вполне возможно, что таким он стал, находясь в заключении в Англии.

Рудольф Хёсс

Рудольф Хёсс (Rudolf Höss), бывший комендант Освенцима (не путать с Рудольфом Гессом (Rudolf Heß), заместителем Гитлера по партии. — *Прим. пер.*), сделал «признания», «доказывающие», что Гитлер уничтожил в газовых камерах шесть миллионов евреев (или пять миллионов — стандартная цифра, использовавшаяся в Нюрнберге). Самые знаменитые «признания» Хёсса приводятся в книге Уильяма Ширера «Взлёт и падение третьего рейха» (Т. 2, кн. пятая, гл. «Окончательное решение»).

Цитируемый Ширером документ (PS-3868) следует рассматривать в контексте. Как известно, письменное «заявление», сделанное в присутствии только одной из сторон, было главным орудием обвинителей на средневековых процессах над ведьмами.

Затем оно исчезло, чтобы через несколько столетий возродиться на советских показных процессах и процессах над «военными преступниками».

Подобные документы нарушают целый ряд стандартных правил судопроизводства, среди которых — запрет на наводящие вопросы; запрет на предоставление более ранних заявлений, согласующихся друг с другом (то есть запрет на размножение улик путём повторения; подобные заявления, как правило, допускаются только тогда, когда они противоречат другим заявлениям, сделанным позже); право проводить очную ставку и подвергать перекрёстному допросу свидетеля обвинителя; запрет на самооговор, то есть на дачу невыгодных для себя показаний.

Кроме того, «улики», представленные на процессах над «военными преступниками», были бы отклонены в любом военно-полевом суде. Даже в 1946 году приобщение обвинением показаний к материалам дела на военно-полевом суде в деле о преступлении, за которое может быть назначена смертная казнь, было запрещено статьёй 25 военно-судебного кодекса США. Статья 38, в свою очередь, требовала применения стандартных федеральных правил о доказательствах.

Что касается вышеупомянутого документа, PS-3868, то было очевидно, что его составил не Хёсс. В противном случае в нём должно было быть написано не «Понимаю по-английски согласно вышеизложенному», а что-то вроде «Данное заявление было написано мной собственноручно».

На менее крупных процессах над «военными преступниками» (Хадамара (Hadamar), Нацвейлера (Natzweiler) и др.) обычным делом были «признания», полностью написанные почерком следователя на английском языке, в конце которых стояло заявление заключённого на немецком о том, что это его показания и что он полностью удовлетворён их переводом на английский! Встречается и такая формулировка (на английском языке): «Удостоверяю, что вышеизложенное было прочитано мне на немецком, моём родном, языке» (см.: David Maxwell-Fyfe (Д. Максвелл-Файф),

«War Crimes Trials», том, посвящённый процессу Хадамара, стр. 57).

Утверждалось, что допрос заключённого проводился в форме вопросов и ответов, после чего вопросы стирались, а ответы допрашиваемого записывались на отдельном листе в виде письменного показания, причём делалось это, как правило, лицом, отличным от следователя, проводившего допрос.

В Бельзене, например, все письменные показания были подписаны одним и тем же лицом — майором Смолвудом (Smallwood). На этом процессе, подсудимыми на котором были служащие Берген-Бельзена и Освенцима, адвокаты защиты (англичане и поляки не из числа коммунистов), назначенные судом, разрушили все пункты обвинения, включая «селекции для газовых камер», но их доводы были отвергнуты на том основании, что непреднамеренные заявления и устные и письменные слухи принимаются «не для того, чтобы осудить невиновного, а для того, чтобы осудить виновного» («Law Reports of Trials of War Criminals», Т. 2 (этот небольшой том стоит прочесть целиком)).

После того, как специальный служащий составлял письменное показание, последнее вручалось заключённому в окончательной форме для подписи. Если заключённый не подписывал показание, оно всё равно представлялось суду в качестве доказательства.

Выражаясь на жаргоне процессов над «военными преступниками», возражения могли делаться только в отношении «веса» документа, а не его «допустимости».

Примером неподписанного письменного показания, якобы принадлежащего Хёссу, является документ NO-4498-B. Буква «B» означает, что документ является «переводом» (с машинописной подписью) «оригинального» документа NO-4498-A, составленного на польском языке и будто бы подписанного Хёссом. Существует ещё документ NO-4498-C на английском языке. К показанию B, так называемой «верной копии», показания A и C не прилагаются.

Приводимый Ширером документ PS-3868 трижды подписан в английской редакции, но ни разу — в версии, «переведённой» на немецкий три дня спустя. В документе имеется небольшое изменение, подписанное инициалами Хёсса (с малым «h»), а также целое предложение, полностью написанное почерком следователя (это можно легко увидеть, сравнив хотя бы заглавные «W») и не подписанное инициалами Хёсса. В первом случае инициалы призваны служить доказательством того, что Хёсс «прочёл и исправил» документ. Что же касается предложения, написанного от руки, то в другом месте оно опровергается (XXI 529 [584]).

Когда письменное заявление вручалось заключённому, оно нередко было существенно исправленным, в результате чего появлялись две или больше версий одного и того же документа. В подобных случаях приводилось самое длинное показание, а более короткие версии «утеривались».

Примером подобного может служить документ D-288, на который Ширер также ссылается в своей работе, — письменное показание под присягой Вильгельма Йегера (Wilhelm Jäger; смотри главу «Альберт Шпеер» настоящей работы). Йегер сообщил суду, что он подписал 3 или 4 копии одного и того же документа, который был намного короче. Самая короткая версия была поначалу представлена в деле против священника Круппа, ещё до того, как с того были сняты все обвинения. Что же касается самой длинной версии, то перевод на английский в ней датируется числом, предшествующим дате подписания «оригинала».

Появление Йегера в суде стало настоящим провалом для обвинения, но об этом поспешили забыть (XV 264-283 [291-312]). Вообще, если человек, подпись которого стояла под письменными показаниями (представленными обвинением), давал показания в суде, те неизменно противоречили его письменным показаниям, однако все противоречия попросту игнорировались.

В число других лиц, подписи которых стояли под письменными показаниями и появления которых в суде имели катастрофические последствия, входят генерал Вестхофф (Westhoff), показания которого в 27 (!) местах противоречат его неподписанному «заявлению» (XI 155-189 [176-212]), и «свидетель применения бактериологического оружия» Шрайбер (Schreiber; XXI 547-562 [603-620]). Кроме того, письменное показание переводчика Гитлера Пауля Шмидта (Paul Schmidt) — документ PS-3308, вручённый ему для подписи, когда он был слишком болен, чтобы внимательно его прочесть, — было частично опровергнуто самим Шмидтом (X 222 [252]), но, тем не менее, было использовано в качестве доказательства вины фон Нейрата (XVI 381 [420-421]; XVII 40-41 [49-50]). Эрнст Заукель подписал письменное показание, составленное ещё до того, как его доставили в Нюрнберг (XV 64-68 [76-80]), под принуждением — следователи пригрозили передать русским или полякам его жену и десятерых детей.

Учитывая, что на всех этих процессах подсудимые или свидетели обвинения крайне редко составляли собственные «заявления» (если составляли вообще!), можно часто встретить одинаковые или почти одинаковые предложения или даже целые абзацы в разных документах, будто бы составленных в различные дни различными людьми. Таковыми являются письменные показания №№ 3 и 5 Бласковица и Гальдера (Blaskovitz и Halder, вещественные доказательства 536-US и 537-US, соответственно); документы СССР-471, 472 и 473; документы СССР-264 и 272 (показания о мыле из человеческого жира).

В число других показаний, подписанных Хёссом, входит документ NO-1210, в котором сначала идёт текст на английском (с множеством вставок, дополнений и исправлений, включая два разных черновых наброска страниц 4 и 5), а затем — его перевод на немецкий, подписанный Хёссом. Иными словами, «перевод» — это «оригинал», а «оригинал» — это «перевод».

Документ 749(b)D был «устно переведён» для Хёсса с английского на немецкий, прежде чем тот его подписал. Подпись является крайне нечёткой и неразборчивой, что свидетельствует о возможном недомогании, усталости или пытках. Пытки, которым подвергали Хёсса, подробно описываются Рупертом Батлером в книге «Легионы смерти» (Rupert Butler, «Legions of Death», изд-во «Hamlyn Paperbacks»). Что касается «признаний» Хёсса, сделанных им 1 апреля 1946 года (в День смеха) и приведённых Максвеллом-Файфом, в которых Хёсс «признаётся» в убийстве 4 миллионов евреев (X 389 [439-440]), а не традиционных 2,5 миллиона (в этом он «признался» 5 апреля 1946 года), то те либо никогда не существовали, либо были «утеряны».

Неверно также, что показания Хёсса на Нюрнбергском процессе сводились, в основном, к подтверждению им своего письменного показания; это справедливо только для перекрёстного допроса Хёсса, проведённого полковником армии США Джоном Аменом. В действительности же Хёсс явился в суд для дачи показаний и (что было обычным делом) невероятно противоречил как своему письменному показанию, так и самому себе (XI 396-422 [438-466]). Например, в письменном показании говорится (XI 416 [460]): «мы знали, что люди были мертвы, так как их крики прекращались» (явная нелепость с токсикологической точки зрения), в то время как при даче устных показаний Хёсс заявил (в ответ на крайне неуместные наводящие вопросы «адвоката» Кальтенбруннера, XI 401 [443]), что люди теряли сознание; таким образом, осталось загадкой, как же Хёсс действительно знал, что жертвы были мертвы.

Хёсс забыл сказать, что травля насекомых посредством Циклона-Б длилась два дня, о чём он упоминает в других местах (см.: документ NI-036, стр. 3, текст на немецком, ответ на вопрос № 25, а также «автобиографию» Хёсса «Kommandant in Auschwitz», стр. 155). При использовании столь медленнодействующего яда на людях те умерли бы не от отравления, а от обычного удушья.

Хёсс заявил, что приказ об уничтожении европейских евреев был устным (XI 398 [440]), в то время как приказы держать убийства в тайне были письменными (XI 400 [442]). Он заявил также, что трупы в Освенциме сжигались в ямах (хотя известно, что Освенцим располагался в болотистой местности; XI 420 [464]) и что золотые зубы плавились прямо на месте (XI 417 [460]). Кроме того, Хёсс сообщил, что эвакуация концлагерей, целью которой было не допустить попадания заключённых в руки Красной Армии, привела к ненужным смертям (XI 407 [449-450]) и что, фактически, никакой программы уничтожения не было!

Вот один очень интересный отрывок: «До войны, начавшейся в 1939 году, условия питания, содержания и обращения с заключёнными лагерей были такими же, как и в любой другой тюрьме или исправительном учреждении Рейха. Да, с заключёнными обращались строго, но о методических избиениях или дурном обращении не могло идти и речи. Рейхсфюрер [Гиммлер] неоднократно издавал распоряжения, в которых предупреждалось, что любой эсэсовец, поднявший руку на заключённого, будет наказан. И, действительно, наказание эсэсовцев, дурно обращавшихся с заключёнными, было частым явлением. В то время условия питания и содержания были точно такими же, как и для других заключённых пенитенциарных учреждений.

В те годы условия содержания в лагерях были хорошими, поскольку до массового притока [заключённых], имевшего место во время войны, было ещё далеко. После того, как началась война и стали прибывать крупные партии политических заключённых, и позже, когда с оккупированных территорий стали прибывать пленённые партизаны, лагерные здания и пристройки уже не могли справляться с большим количеством прибывавших заключённых.

В первые годы войны эту задачу ещё удавалось решать с помощью импровизированных мер, но позже, из-за военных нужд, это стало невозможно, поскольку в нашем распоряжении практически не осталось стройматериалов (при этом утверждается, что трупы жертв газовых камер сжигались с использованием дров для растопки! — *Прим. авт.*).

... Это привело к ситуации, при которой у заключённых лагерей уже не было достаточно сил для борьбы со вспыхивавшими эпидемиями... В наши цели не входило добиться как можно большего количества смертей или уничтожить как можно больше заключённых. Рейхсфюрер постоянно думал о том, как бы заполучить как можно больше рабочих рук для военной промышленности...

Случаи дурного обращения и пыток, будто бы имевшие место в концлагерях и истории о которых ходят в народе, так же как и среди заключённых, освобождённых оккупационными войсками, не были, вопреки поверью, систематическими актами, но совершались отдельными руководителями, офицерами или солдатами, прибегавшими к насилию...

Если что-то подобное каким-либо образом доводилось до моего сведения, то виновный, разумеется, тотчас же освобождался от занимаемой должности или переводился в другое место. Таким образом, даже если его не наказывали из-за недостатка улик, доказывавших его вину, то его всё равно освобождали от должности и переводили на другую работу...

Катастрофическая ситуация в конце войны была вызвана тем, что в результате разрушения железных дорог и постоянных бомбардировок промышленных заводов было уже невозможно оказывать надлежащий уход за этими массами людей, в том числе в Освенциме, с его 140 тысячами заключённых, несмотря на импровизированные меры, колонны грузовиков и прочие меры, на которые шли коменданты для улучшения ситуации: всё было тщетно.

Число больных стало просто угрожающим. Лекарств почти не было; повсюду вспыхивали эпидемии. Трудоспособные заключённые были всё время востребованы. По приказу Рейхсфюрера даже полубольных следовало использовать на каких-либо участках промышленности, на которых те могли работать, поэтому каждый уголок в концлагерях, который можно было использовать для жилья, был заполнен больными и умирающими заключёнными.

В конце войны всё ещё оставалось тринадцать концлагерей. Все остальные места, отмеченные здесь на карте, были так называемыми трудовыми лагерями, действовавшими при расположенных там военных заводах...

Если какие-либо акты дурного обращения охранников с заключёнными и имели место (лично я с ними никогда не сталкивался), то их число должно было быть крайне ограниченным, поскольку все лица, ответственные за лагеря, следили за тем, чтобы как можно меньше эсэсовцев входило в непосредственный контакт с заключёнными, ибо со временем качество охранного персонала ухудшилось настолько, что было уже невозможно придерживаться прежних стандартов...

У нас были тысячи охранников родом из всех основных стран мира, едва говоривших по-немецки и вступивших в эти подразделения в качестве добровольцев; у нас были также пожилые люди в возрасте от 50 до 60 лет, не заинтересованные в своей работе, поэтому лагерным комендантам приходилось постоянно следить за тем, чтобы эти люди соблюдали хотя бы самые элементарные требования к своим обязанностям. Кроме того, было очевидно, что среди них имеются элементы, которые будут дурно обращаться с заключёнными, но подобному обращению никогда не потакали.

Кроме того, было уже невозможно управлять всеми этими массами людей с помощью эсэсовцев — на работе или в лагерях, — так что везде одним заключённым приходилось поручать управление над другими заключёнными и контроль за их работой; внутреннее управление лагерями находилось практически под их полным контролем. Несомненно, имело место множество случаев дурного обращения, которых нельзя было предотвратить, поскольку по ночам в лагерях почти не было эсэсовцев. Эсэсовцам позволялось входить на территорию лагеря только в конкретных случаях, поэтому заключённые в той или иной степени зависели от надзирателей, отобранных из числа заключённых».

Вопрос (д-ра Бабеля, адвоката СС):

— Вы уже упомянули о правилах для охранников, но, помимо этого, существовал регламент, действительный для всех лагерей. В этом лагерном регламенте перечислялись наказания для заключённых, нарушавших лагерные правила. Что это были за наказания?

Ответ (Хёсса):

— Прежде всего, перевод в «штрафной отряд» («Strafkompanie»), то есть на тяжёлую работу и строгий режим, затем заключение в изолятор, тёмную камеру, а для особо строптивых заключённых — заковывание в кандалы или связывание. Связывание («Anbinden») было запрещено Рейхсфюрером в 1942 или 1943 году (точно сказать не могу). Имелось также наказание, заключавшееся в стоянии по стойке смирно у входа в лагерь в течение долгого времени («Strafstehen», штрафное стояние), и, наконец, телесное наказание. Впрочем, ни один комендант не мог назначить телесное наказание самостоятельно; для этого ему нужно было подать заявление». (Устные показания Рудольфа Хёсса, 15 апреля 1946 года, XI 403-411 [445-454].)

Похоже, Хёсс пытался защитить свою жену и троих детей и спасти других людей, заявив, что только 60 человек знали о массовых убийствах. Хёсс пытался спасти Кальтенбруннера и поэтому впутал в это дело Эйхмана и Поля, которые ещё не были арестованы. (Смотри для похожего случая письменное показание Гейзига (Heisig), который попытался обвинить Редера, XIII 460-461 [509-510].)

Хёсс выступал в суде в качестве «свидетеля защиты», и перекрёстный допрос Хёсса со стороны обвинения был прекращён самим обвинением (XI 418-419 [461-462]). Похоже, обвинители испугались, что Хёсс спутает их карты.

Знаменитая «автобиография» Хёсса под названием «Kommandant in Auschwitz» не намного лучше его показаний на Нюрнбергском процессе. Вероятно, сначала это было одно гигантское «свидетельское показание», составленное в виде вопросов и ответов в ходе его допросов и затем, после редактирования, вручённое Хёссу, чтобы тот переписал его своей рукой. Согласно этой книге, костры для сжигания были видны за километры (стр. 159 немецкого издания); зловоние также стояло на километры вокруг (стр. 159). Все в округе знали о массовых убийствах (стр. 159), однако семья Хёсса так ничего и не узнала (стр. 129-130). Жертвы знали, что их ждёт газовая камера (стр. 110-111, 125), но их всё же удавалось обманывать (стр. 123-124; см. также документ PS-3868). Хёсс был хроническим алкоголиком, «сознавшимся» в этих вещах, будучи пьян (стр. 95), или под пытками (стр. 145).

Неверно также, что, согласно стр. 126 «автобиографии» Хёсса, трупы из газовых камер вытаскивали капо, которые при этом ели и курили и/или были без противогазов; в тексте об этом не говорится. Как установил Робер Фориссон, Хёсс действительно сделал подобное заявление, но по другому поводу, в ходе одного из «допросов». Польское «переводное» издание этой книги, вышедшее ещё до немецкого «оригинального» издания, похоже, совпадает с немецкой версией, хотя названия мест и даты там отсутствуют; это говорит о том, что сначала, скорее всего, был составлен польский вариант, а вышеуказанные подробности были добавлены в немецкий перевод уже после этого. Полное, не подвергнутое цензуре, собрание «сочинений» Рудольфа Хёсса (на польском языке) можно взять по межбиблиотечному абонементу («Wspomnienia Rudolfa Hössa, Komendanta Obozu Oswiecimskiego»).

Процессы над японскими «военными преступниками»

Немецкие подсудимые, как известно, были осуждены за изготовление «мыла из человеческого жира» (эта байка приводится в качестве подлинного факта в престижном сборнике «International Law» под редакцией Оппенгейма (Oppenheim) и Лаутерпахта (Lauterpacht), 7-е издание, Т. 2, стр. 350); японские же подсудимые на целом ряде процессов были осуждены за приготовление «супа из человечины».

Генерал Ямасита

Это не шутка — в 1948 году считалось доказанным, что японцы являются расой врождённых людоедов, которым под страхом смертной казни запрещалось есть трупы погибших сородичей, но которых при этом на официальном уровне поощряли есть американцев. Американцы подавались в жареном виде или в супе, по вкусу. Людей ели даже тогда, когда имелась другая пища, а значит, японцы практиковали людоедство не из-за нужды, а из удовольствия.

Самыми популярными частями тела с кулинарной точки зрения были печень, поджелудочная железа и желчный пузырь. Китайцев глотали в виде пилюль (!).

Это было «доказано», помимо прочего, на следующих процессах:

— «U.S. v Tachibana Yochio and 13 others», Марианские острова, 2-15 августа 1946 г.;

— «Commonwealth of Australia vs. Tazaki Takehiko», Wewak, 30 ноября 1945 г.;

— «Commonwealth of Australia vs. Tomiyasu Tisato», Rabaul, 2 апреля 1946 г.;

— Токийский процесс — самый крупномасштабный процесс над «военными преступниками» за всю историю, прошедший с 3 мая 1946 г. по 12 ноября 1948 г. За ним лично следил Дуглас

Макартур (см: «The Tokyo Judgment», Т. 1, стр. 409-410, University of Amsterdam Press, 1977, стр. 49.674-49.675 копии стенограммы, полученной на мимеографе).

Все 25 подсудимых, доживших до конца Токийского процесса, были осуждены. Семеро из них были повешены. В число их преступлений входят:

— планирование, развязывание и ведение «агрессивной войны» против СССР (это при том, что именно СССР напал на Японию в нарушение одного пакта о ненападении через два дня после атомной бомбардировки Хиросимы; в тот же день было подписано Лондонское соглашение, на основании которого был проведён Нюрнбергский процесс);

— планирование, развязывание и ведение «агрессивной войны» против Франции (Франция, как известно, находится в Европе);

— противозаконная морская блокада и бомбардировки гражданского населения (дело Шимады (Shimada); иными словами, действия англичан в Европе были бы противозаконными, если бы их совершали японцы);

— процесс над военными преступниками в военном трибунале (дело Хаты (Hata) и Тойо (Tojo); см. также процесс «U.S. vs. Sawada», на котором было выдвинуто, наверное, самое отвратительное и лицемерное обвинение; «пострадавшей» стороной были семеро американцев, участвовавших в варварской бомбардировке Токио, в результате которой были заживо сожжены 80 тысяч женщин и детей);

— каннибализм (то, что подсудимые лично ели кого-то, не утверждалось).

А вот некоторые из представленных «доказательств»:

— сообщения советской комиссии по расследованию «фашистских» злодеяний;

— отчёты китайских комиссий по военным преступлениям;

— советские отчёты, основанные на японских документах, не прилагаемых к отчётам;

— краткие отчёты о японской военной агрессии в Китае (составленные китайцами);

— 317 отчётов американской комиссии по военным преступлениям (Judge Advocate General War Crimes Reports) общим объёмом в 14.618 страниц, в которых «цитируются» «захваченные» японские документы, личные дневники, признания в людоедстве, приказы о массовых убийствах, приказы об убийстве военнопленных с помощью газа на удалённых тропических островах и т.д. («захваченные документы» к отчётам не прилагались; доказательств их подлинности или существования не требовалось);

— письменные показания японских солдат, находившихся в плену в Сибири;

— письменные показания японцев, в которых «япошки» называются врагами;

— письменные показания офицеров Красной Армии;

— письменные показания неграмотных аборигенов с тропических островов;

— вырезки из газет и журналов (допустимое доказательство в случае с обвинением, но, как правило, не в случае с защитой; так, события в Китае доказывались с помощью цитат из таких американских газет и журналов, как «Chicago Daily Tribune», «New Orleans Times-Picayune», «Sacramento Herald», «Oakland Tribune», «New York Herald», «New York Times», «Christian Science Monitor» и др.);

— «письменное показание под присягой» Маркиса Такугавы (Marquis Takugawa) (оно было составлено на английском, а Такугаве на японском прочитано не было);

— заявления Окавы (Okawa) (Окава был признан невменяемым и отправлен на принудительное лечение, но его заявления, тем не менее, использовались в качестве доказательства);

— показания Танаки (профессиональный свидетель, которому заплатили американцы; будучи пьян, Окава во всём признался Танаке; Танака «Чудовище» Рюкичи (Tanaka Ryukichi) якобы был ответственен за миллионы злодеяний, однако его так и не судили, и он мог свободно разъезжать по Японии);

— дневник Кидо (Kido) (всевозможные слухи и сплетни обо всём, что не нравилось Кидо);

— мемуары Харады (Harada) (у Харады случился инсульт, так что он был не в состоянии диктовать членораздельно; насколько хорошо у него было с памятью и что именно он хотел сказать, одному богу известно; перевод состоит из сплошных догадок и предположений; имеется множество различных «копий», «подкорректированных» множеством людей, отличных от человека, которому он диктовал свои воспоминания; сюда следует также добавить то, что у Харады имелась репутация отъявленного лжеца);

В «Ответе обвинения на доводы защиты», составленном в конце процесса, все доказательства, представленные защитой, были отклонены. Было заявлено, что лучшим свидетелем являются документы (то есть переводы выписок из «копий» без каких-либо подписей или доказательств их происхождения и подлинности).

Если обвинение и защита цитировали один и тот же документ, то утверждалось, что обвинение цитирует верно, а защита вырывает фразы из контекста. Слухи имели доказательную силу, зато показания свидетелей защиты доказательной силы не имели. Перекрёстный допрос считался пустой тратой времени.

Пятеро из одиннадцати судей (Уильям Уэбб (William Webb) из Австралии, Дельфин Джаранилла (Delfin Jaranilla) с Филиппин, Берт Рёлинг из Голландии, Анри Бернар (Henri Bernhard) из Франции и Р.Б. Пал (R.B. Pal) из Индии) заявили особое (несогласное) мнение.

Пал составил знаменитое 700-страничное особое мнение, в котором заявил, что большинство доказательств обвинения, относящихся к злодеяниям, не имеет никакой ценности, отметив с сарказмом, что, как он надеется, хотя бы один из документов был составлен на японском языке.

Отличительной чертой процессов над «военными преступниками» является то, что на них ничего не доказывается и что все они противоречат друг другу.

В Токио было заявлено, что китайцы были вправе нарушать «несправедливые» договоры и что попытки японцев обеспечить соблюдение подобных договоров представляли собой «агрессию», ибо эти договоры были «несправедливыми».

Когда на Японию были сброшены атомные бомбы, Шигемицу уже почти 11 месяцев как пытался обсудить условия капитуляции, ещё с 14 сентября 1944 года. Это, разумеется, стало ещё одним «преступлением» — «продлением войны путём переговоров» (!).

«Доказательства» того, что японцы были людоедами, можно найти здесь: «JAG Report 317», стр. 12.467-12.468 копии стенограммы, полученной на мимеографе; вещественные доказательства 1446 и 1447, стр. 12.576-12.577; вещественное доказательство 1873, стр. 14.129-14.130; вещественные доказательства 2056 и 2056А и В, стр. 15.032-15.042.

Альфред Йодль

Йодль был повешен за соучастие в так называемом «приказе о диверсантах» (Kommandobefehl, Commando Order) — приказе расстреливать британских солдат, сражавшихся в гражданской одежде и душивших собственных военнопленных (XV 316-329 [347-362]).

В свою защиту Йодль сказал, что международное право призвано защищать лиц, сражающих в качестве солдат. Солдаты обязаны носить оружие на виду, иметь на себе чётко распознаваемые знаки различия или форменную одежду и гуманно обращаться с пленными. Партизанская война и деятельность британских диверсионных отрядов были запрещены. Суд и казнь партизан и диверсантов были законными, если они проводились с соблюдением статьи 63 Женевской конвенции об обращении

с военнопленными 1929 года. (См. также: «Dissentient Judgement of Judge Rutledge, U.S. vs. Yamashita» и «Habeas Corpus Action of Field Marshall Milch».)

Следует отметить, что в результате приказа о диверсантах почти никто не был расстрелян (55 человек в западной Европе, согласно Д. Максвеллу-Файфу, XXII 284 [325]). Целью приказа было не допустить того, чтобы солдаты сражались в подобной манере, полагая, что впоследствии они смогут просто сдаться в плен.

Ещё одно «преступление» Йодля состояло в том, что он известил главнокомандующего сухопутными войсками о том, что Гитлер повторил ранее изданный приказ не принимать предложения о сдаче Ленинграда.

Как и целый ряд других преступлений немцев, эта идея также не имела никаких последствий, поскольку предложения о сдаче Ленинграда так и не поступило. Немцы хотели заставить ленинградцев эвакуироваться в тыл, поскольку было просто невозможно прокормить миллионы людей и предотвратить эпидемии. В немецких позициях на востоке были нарочно оставлены бреши, чтобы население смогло эвакуироваться. Как известно, Киев, Одесса и Харьков капитулировали, но оказались заминированными, в результате чего от взрывных устройств с замедленным действием погибли тысячи немецких солдат. (Кстати, приказ в отношении Ленинграда, документ С-123, не подписан.)

Что касается «уничтожения советских военнопленных», то дело обстояло так. Портовые сооружения были необходимы немцам для военных целей, а советская железнодорожная колея была шире европейской, поэтому немцы не могли перевозить продовольствие, чтобы прокормить миллионы полуголодных военнопленных. Гнусная ложь, выдуманная советской пропагандой, согласно которой немцы истребили миллионы советских военнопленных, была воспринята и продолжает восприниматься всерьёз многими людьми, которые не знают подлинных причин высокой смертности среди советских военнопленных.

Обвинения, выдвинутые против Йодля, хорошо показывают нелепость всего процесса. Об этом хорошо сказал его адвокат Экснер: «Убийство и революция. В мирное время это привело бы к гражданской войне, в военное время — к немедленному крушению фронта и концу Рейха. Нужно ли было ему тогда воскликнуть: «Fiat justia, pereat patria!» («Да здравствует правосудие, пусть даже родина погибнет!»)? Такое впечатление, что обвинение действительно считает, что подобного поведения можно требовать от всех подсудимых. Поразительная идея! Вопрос о том, можно ли вообще оправдать с этической точки зрения убийство и измену, пускай решают моралисты и богословы. Как бы то ни было, юристы не могут это даже обсуждать. Быть обязанным под страхом наказания убить главу государства? Солдат должен так поступить? Да ещё во время войны? Те, кто совершали подобные действия, всегда наказывались, но наказывать их за то, что они так не поступили, — это действительно что-то новое» (XIX 45 [54]; XXII 86-90 [100-105]). (Кстати, японских генералов вешали за то, что они вмешивались в политику.)

По другому случаю Экснер воскликнул: «Только на одной странице англо-американского меморандума по делу (справки для адвоката, ведущего дело) фраза «Йодль присутствовал на» встречается шесть раз. Что это означает с юридической точки зрения?» (XIX 37 [44])

Один из советских обвинителей, полковник Покровский, задал Йодлю следующий вопрос: «Знали ли Вы о том, что немецкие войска... четвертовали, вешали вниз головой и жарили военнопленных над огнём? Вы об этом знали?» На это Йодль ответил: «Я об этом не только не знал, но и не верю в это» (XV 545 [595]).

Таким образом, всю обширную тему о процессах над «военными преступниками» можно свести к этим двум-трём предложениям.

Смотри о Йодле здесь: XV 284-561 [313-612]; XVIII 506-510 [554-558]; XIX 1-46 [7-55].

Эрнст Кальтенбруннер

Кальтенбруннера во время перекрёстного допроса с возмущением спросили, как это он смеет утверждать, что он говорит правду, а 20-30 свидетелей лгут! (XI 349 [385])

«Свидетели» эти в суд, разумеется, не явились. То были всего лишь имена, написанные на клочке бумаги. Одно из этих имён принадлежало Францу Цирайсу, коменданту концлагеря Маутхаузен.

Цирайс «сознался» в убийстве с помощью газа 65 тысяч человек, изготовлении абажуров из человеческой кожи и печатании фальшивых денег. Кроме того, он составил сложную таблицу статических данных о точном количестве заключённых 31 лагеря. И, наконец, он обвинил Кальтенбруннера в том, что тот отдал приказ убить всех заключённых Маутхаузена при приближении американцев.

Когда Цирайс сделал это «признание», он уже десять месяцев как лежал в могиле. К счастью, его «признание» «вспомнил» другой человек — узник концлагеря по имени Ганс Марсалек, который в Нюрнберге так и не появился, но подпись которого стоит в документе (документ PS-3870, XXXIII 279-286).

В кавычках приводится текст страниц 1-6 (!) данного документа, в том числе статистическая таблица, в которой, к примеру, утверждается, что в Эбензее было 12.000 заключённых, в Маутхаузене — 12.000, в Гузене I и II — 24.000, в Шлосс-Линдте — 20, в Клагенфурте-Юнкершуле — 70, и так — для каждого 31 лагеря из таблицы.

Этот документ не подписан ни одним из лиц, будто бы присутствовавших тогда, когда Цирайс делал своё «признание»; никаких заметок, будто бы делавшихся при этом, к документу не прилагаются. На документе имеются только две подписи: Ганса Марсалека, заключённого, и Смита Брукхарта (Smith W. Brookhart Jr.), армия США. В документе проставлено 8 апреля 1946 года. Цирайс же умер 23 мая 1945 года, то есть почти за год до этого.

Было заявлено, что Цирайс был тогда слишком болен (в итоге он скончался от многочисленных пулевых ранений в живот), чтобы что-либо подписывать, но зато был достаточно здоров для того, чтобы продиктовать этот длинный и сложный документ, который затем, почти через год, был дословно «вспомнен» Марсалеком. А причин для того, чтобы лгать, у Марсалека, разумеется, не было. Документ составлен на немецком языке.

Что касается Брукхарта, то он был известен тем, что писал признания за других. Так, ему принадлежат «признания» Рудольфа Хёсса (на английском языке, документ PS-3868) и Отто Олендорфа (на немецком языке, документ PS-2620). Брукхарт был сыном американского сенатора. В 1992 году автор написал ему письмо, в котором спрашивал, нет ли у него каких-либо бумаг или мемуаров. Ответа на своё письмо автор так и не получил.

«Признание» Цирайса приняли и продолжают принимать за чистую монету Рейтлингер, Ширер, Хильберг и другие проповедники голохвоста.

Кальтенбруннер утверждал, что во время войны у немцев имелось только 13 основных концлагерей («Stammlager») (XI 268-269 [298-299]). Число в 300 концлагерей, приводимое обвинением, было достигнуто путём включения в список обычных трудовых лагерей. Кроме того, один из этих лагерей, Мацгау, находившийся недалеко от Данцига, был особым лагерем. Его заключёнными были эсэсовцы-охранники и полицейские, осуждённые за преступления против заключённых: избиение, присвоение чужого имущества, кражу личных предметов и т.д. Этот лагерь был захвачен в конце войны Красной Армией (XI 312, 316 [345, 350]).

Кальтенбруннер сказал, что приговоры, выносимые эсэсовскими и полицейскими судами, были намного суровее приговоров, выносимых другими судами за аналогичные преступления. СС часто возбуждала дела против своих членов за преступления против заключённых и дисциплинарные проступки (XXI 264-291, 369-370 [294-323, 408-409]).

По закону допрос третьей степени можно было проводить исключительно с целью получения информации о будущей партизанской деятельности; проводить подобный допрос для получения признаний было запрещено. На допросе третьей степени обязательно должен был присутствовать врач. Разрешались удары палкой по голым ягодицам, число которых не могло превышать двадцати; эту процедуру разрешалось проводить только один раз. Другие формы «нацистских пыток» включали в себя помещение заключённого в тёмную камеру или стояние на ногах во время длительных допросов (XX 164, 180-181 [184, 202-203]; XXI 502-510, 528-530 [556-565, 583-584]).

Кальтенбруннер и многие другие свидетели защиты утверждали, что аналогичные методы используются полицией во всём мире (XI 312 [346]) и что с целью изучения немецких методов ведения допроса в Германию приезжали уважаемые полицейские служащие из-за рубежа (XXI 373 [412]).

Доказательства и доводы защиты по этому и другим аналогичным вопросам составляют тысячи и тысячи страниц, распределённых между стенограммами заседаний Трибунала, показаниями перед «комиссией», и 136.000 письменными показаниями под присягой (XXI 346-373 [382-412], 415 [458], 444 [492]).

Кальтенбруннер был осуждён за сговор с целью «линчевания» пилотов союзников, бомбивших мирных жителей. Акты линчевания подобного рода действительно противоречили бы нормам международного права, но их попросту не было. Многие лётчики были спасены от разъярённой толпы немецкими полицейскими и военными. Немцы отказались от подобных методов, опасаясь, что убивать станут всех лётчиков, выбрасывающихся с парашютом. Как и целый ряд других немецких преступлений, эта идея также не имела никаких последствий (XXI 406-407 [449-450], 472-476 [522-527]).

Другим преступлением, якобы совершённым Кальтенбруннером, была ответственность за так называемое «Пулевое распоряжение» («Kugelerlass») — предполагаемый приказ расстреливать военнопленных с помощью хитроумного измерительного прибора (его создатели, вероятно, были вдохновлены машиной для выбивания мозгов Пауля Вальдманна, управляемой при помощи ножного рычага, см.: документ СССР-52, VII 377 [416-417]).

«Пулевое распоряжение», документ PS-1650, даже если предположить, что этот документ подлинный (что, впрочем, маловероятно; XVIII 35-36 [43-44]), является результатом ошибочного перевода: смысл данного приказа заключается в том, что пленников, пытающихся сбежать, следует приковывать к железному ядру («Kugel» по-немецки), а не расстреливать, используя пулю (также «Kugel»). Слово «приковывать» появляется в документе, а слово «расстреливать» — нет (III 506 [565]; XXI 514 [568]; Gestapo Affidavit 75; XXI 299 [332]). Данный документ был передан по телетайпу, а значит, подписи на нём нет (XXVII 424-428).

Термин «Sonderbehandlung» («особое обращение») является примером грубого жаргона, используемого всеми чиновниками; лучше всего его перевести как «обращение от случая к случаю». Кальтенбруннеру удалось показать, что в одном случае это означало право пить шампанское и брать уроки французского. Обвинение попросту перепутало зимний спортивный лагерь с лагерем концентрационным (XI 338-339 [374-375]). Спортивный лагерь встречается в документе PS-3839 (XXXIII 197-199) — «письменном показании под присягой».

Смотри о Кальтенбруннере здесь: XI 232-386 [259-427]; XVIII 40-68 [49-80].

Вильгельм Кейтель

Кейтель был повешен за ответственность за злодеяния, будто бы имевшие место на территории СССР, а также за комиссарский приказ и приказ «Ночь и туман». Доказательства, представленные против Кейтеля, состоят, большей частью, из сообщений «Чрезвычайной Государственной Комиссии по установлению и расследованию злодеяний немецко-фашистских захватчиков и их сообщников» (XVII 611-612 [663-664]; XXII 76-83 [90-98]). Последние представляют собой краткие обзоры с выводами, заключениями и обобщениями без каких-либо доказательств или документов в их подтверждение. В этих «сообщениях» неправильно называются и путаются военные учреждения.

В число советских документов, на основании которых Кейтель был приговорён к смертной казни, входят документы СССР-4, 9, 10, 35, 38, 40, 90, 364, 366, 407 и 470.

Документ под номером СССР-4 представляет собой «Сообщение Чрезвычайной Государственной Комиссии об истреблении гитлеровцами советских людей путём заражения их сыпным тифом». Ответственность за это преступление возлагается на «гитлеровское руководство и верховное главнокомандование вооружённых сил». (См. также: «Report on U.S. Crimes in Korea», Peking (1952), в котором описывается применение американцами бактериологического оружия.)

Документы СССР-9, 35 и 38 также являются сообщениями Чрезвычайной государственной комиссии.

Документ СССР-90 представляет собой приговор советского военного трибунала, в котором утверждается, что «немецко-фашистские захватчики совершили чудовищные злодеяния», и который приписывает эти преступления ОКВ (Верховному главнокомандованию вооруженными силами Германии).

Оригинальные документы ко всем этим сообщениям не прилагаются, конкретные приказы не упоминаются. Имя Кейтеля там также не упоминается. Другие документы являются «верными копиями» (XVIII 9-12 [16-19]) документов, будто бы находившихся в распоряжении советской стороны.

Приказ «Ночь и туман» (XVIII 19-22 [27-30]) был издан в качестве альтернативы расстрелам членов Сопротивления. Обвинение признало, что расстрел подобных лиц был законным (V 405 [456]), однако немцы считали нежелательным приговаривать всех до одного к расстрелу. Тюремное же заключение считалось недостаточно суровым наказанием, поскольку все тогда считали, что война скоро закончится (XXI 524 [578-579]).

Что касается знаменитого «комиссарского приказа», то он не дал почти никакого эффекта, частью из-за того, что было не так-то просто установить, кто именно является комиссаром (XXI 404-405 [446-447]; XXII 77 [91]).

Кейтеля по сей день обвиняют в том, что он закрыл доступ к Гитлеру, то есть делал так, что до Гитлера не доходила определённая информация. Это, просто смехотворное, обвинение опровергается на стр. 645-661 [710-717] тома XVII.

Против Кейтеля использовались также документ PS-81, на который Джексон сослался в своей вступительной речи, и документ СССР-470 — «верная копия» (то есть машинописная копия документа, заверенная как «совпадающая» с «оригиналом») «оригинального документа», целиком составленного на сербскохорватском (!) языке и будто бы хранящегося в Югославии, с «подписью» Кейтеля, напечатанной на машинке (!). То, что Кейтель говорил по-сербскохорватски, не утверждалось; взамен, однако, утверждалось, что это «перевод» документа, составленного на немецком языке, найти который югославам, к сожалению, не удалось (XV 530-536 [578-585]).

Смотри о Кейтеле здесь: X 468-658 [527-724]; XI 1-28 [7-37]; XVII 603-661 [654-717]; XVIII 1-40 [7-48].

Константин фон Нейрат

Фон Нейрат стал жертвой грубой подделки — документа PS-3859. Чехи перепечатали подлинный документ, сделав в нём множество изменений и дополнений, и представили Трибуналу «фотокопию» их «копии» (с подписями, напечатанными на машинке). Оригинальный документ находился в Чехословакии.

В этом документе почти всё неправильно, что не удивительно — немецкий чиновничий аппарат был крайне запутанной машиной. Вообще, во множестве документов обвинения имеются неверные адреса, ошибочные ссылки и неправильные процессуальные заметки, которые не сразу бросаются в глаза. В отношении документа PS-3859 фон Нейрат сказал: «Весьма сожалею, но вы лжёте» (XVII 67 [79], 373-377 [409-413]).

Фон Нейрат был осуждён за закрытие чешских университетов (согласно международному праву, подобные действия со стороны оккупационных властей не являются преступлением) и расстрел девяти чешских студентов после демонстрации. Эти «преступления» были «доказаны» с помощью целого ряда документов: СССР-489, «верной копии», заверенной чехами; СССР-60, сообщения чрезвычайной комиссии по расследованию «фашистских» злодеяний, в котором приводятся «заявления» Карла Германа Франка (Karl Hermann Frank), не прилагаемые к сообщению; СССР-494, «письменного показания под присягой», подписанного Карлом Германом Франком за 33 дня до своей казни. Само собой разумеется, что заявления, приписываемые Франку в сообщении советской комиссии, не были подписаны, и в них не была проставлена дата. Оригинальные документы находились в Чехословакии (XVII 85-90 [98-104]).

Внушительная часть «доказательств», сфабрикованных против фон Нейрата, Шахта, фон Папена, Редера и других, была получена на основании письменных показаний престарелого американского дипломата, проживавшего на тот момент в Мексике (документы PS-1760; PS-2385; PS-2386; EC-451).

Было заявлено, что этот дипломат по имени Мессерсмит (Messersmith) слишком стар, чтобы выступать в суде (II 350 [387]). Вместе с тем возможность того, что он страдает старческим слабоумием, была отвергнута (II 352 [389]). Эти «доказательства» состоят из личных оценок мотивации и характера других людей, данных Мессерсмитом.

Смотри о фон Нейрате здесь: XVI 593-673 [649-737]; XVII 2-107 [9-121]; XIX 216-311 [242-345].

Франц фон Папен

Фон Папен был обвинён в том, что он сговорился с Гитлером убедить Гинденбурга назначить Гитлера рейхсканцлером. Согласно этой версии, фон Папен обманным путём заставил Гинденбурга поверить, что если этого не будет сделано, то в Германии начнётся гражданская война.

Тогдашний рейхсканцлер, генерал фон Шлейхер одно время пытался править в нарушение закона и конституции, не имея поддержки националсоциалистов, получивших наибольшее количество голосов за всю историю Рейхстага. Многие «противоправные» действия Гитлера относятся как раз к периоду правления фон Шлейхера (XXII 102-103 [118-119]). Это была единственная альтернатива хаосу, созданному 41 политической партией, каждая из которых представляла чьи-то частные финансовые интересы.

В 1946 году представители западных стран-победительниц заявили фон Папену, что в 1933 году он должен был предвидеть желание Гитлера развязать «агрессивную войну» и сотрудничать с фон Шлейхером с целью установления в стране военной диктатуры.

Впоследствии, во время путча Рема, фон Шлейхер был расстрелян. Гинденбург считал те расстрелы законными, что доказывается телеграммой, в которой он поздравляет Гитлера с подавлением путча (XX 291 [319]; XXI 350 [386], 577-578 [636-637]; XXII 117 [134-135]).

Фон Папен также считал расстрел Рема и его сторонников оправданным чрезвычайными обстоятельствами (XVI 364 [401]), но в то же время он полагал, что имело место множество других, неоправданных, убийств и что Гитлер должен был провести расследование и наказать виновных. Этого, однако, сделано не было.

В Нюрнберге обвинение признало, что программа национал-социалистической партии не содержала ничего противозаконного и была чуть ли не похвальной (II 105 [123]). Национал-социалистическая партия была признана законной как оккупационными властями Рейнской области в 1925 году (XXI 455 [505]) и верховным судом Германии в 1932 году (XXI 568 [626]), так и Лигой наций и польским генеральным резидентом в Данциге в 1930 году (XVIII 169 [187-188]).

В 1933 году было неясно, станет ли армия единодушно поддерживать фон Шлейхера в его противостоянии с национал-социалистами, имевшими законное право на власть. Благодаря отказу Гинденбурга нарушить конституцию (что вполне могло бы привести к гражданской войне), Гитлер пришёл к власти совершенно законным путём (см. также: XXII 111-112 [128-129]).

Фон Папена обвиняли в «аморальных актах, совершённых в осуществление Общего плана», таких как использование обращения на «ты» (!) в беседе с министром иностранных дел Австрии Гвидо Шмидтом. На это фон Папен ответил: «Сэр Давид, если бы Вы хоть раз были в Австрии, Вы бы знали, что в Австрии почти все называют друг друга "на ты"» (XVI 394 [435]).

Действия фон Папена, которые никак нельзя было назвать преступными, были использованы для того, чтобы доказать «двуличность» подсудимого. Благодаря ретроспективному чтению мыслей фон Папена в его давних поступках был обнаружен злой умысел.

Иногда утверждается, что раз фон Папен, Фриче и Шахт были оправданы, то, значит, Нюрнбергский процесс был справедливым. Впрочем, подобная аргументация не подходит для Токийского и множества других процессов, на которых оправдательных приговоров не было. Забывается также, что на процессах над ведьмами, проходивших в XVII веке, доля оправдательных приговоров составляла 5-10%.

Смотри о фон Папене здесь: XVI 236-422 [261-466]; XIX 124-177 [139-199].

Эрих Редер

Редер был обвинён в том, что он «сговорился» с японцами напасть на США. В число других преступлений, совершённых Редером, входят слушание речей, присутствие на конференциях, осведомлённость о чрезвычайных планах и принятие подарков ко дню рождения от Гитлера (что, разумеется, доказывает его «добровольное участие в Общем плане»).

Редер доказал, что американцы знали о готовящемся нападении на Пирл-Харбор ещё за 10 дней до него, в то время как немцы о нём ничего не знали (XIV 122 [137-138])

Обсуждение Редером военной подготовленности Германии и речей Гитлера смотри в главе о фон Риббентропе. Смотри также о Редере здесь: XIII 595-599 [656-660], 617-631 [680-696]; XIV 1-246 [7-275]; XVIII 372-430 [406-470].

Иоахим фон Риббентроп

Фон Риббентроп был повешен за подписание советско-германского пакта о ненападении, благодаря которому стало возможно нападение на Польшу. Свои действия Риббентроп оправдывал тем, что в течение 20 лет из Польши был депортирован один миллион немцев и при этом имело место множество злодеяний. Всё это время жалобы, отправляемые во Всемирный суд в Гааге и Лигу наций в Женеве, попросту игнорировались. Жертвами были этнические немцы («фольксдойче») с польским гражданством, проживавшие на территориях, переданных новоиспечённому польскому государству по Версальскому мирному договору.

23 октября 1938 года Риббентроп сделал полякам предложение, которое британский посол в Берлине Невилл Хендерсон назвал разумным («предложение в духе Лиги наций»). Риббентроп потребовал проведения плебисцита в Польском коридоре, возвращения Данцига (чисто немецкого города) и строительства экстерриториальной двухколейной железной дороги и шоссе через Коридор к Восточной Пруссии, которая с 1919 года была отделена от остальной части Германии и попасть в которую можно было только морским путём, что было просто невыносимо; иными словами, речь шла о сухопутном мосте к Восточной Пруссии (X 260-269 [295-304]; 280-281 [317-318]; 367-369 [416-417]).

Взамен поляки получали значительные экономические привилегии: право пользоваться портовыми сооружениями Данцига и гарантию беспрепятственного вывоза польских товаров через порт данного города. Будущее Коридора решалось бы согласно принципу самоопределения, поляки получили бы доступ к морю, а германо-польский пакт о дружбе (подписанный Гитлером в 1934 году вопреки сильному неприятию в самой Германии) был бы продлён на новый срок (XIX 362-368 [399-406]). (Версию тех же событий в изложении обвинителей смотри здесь: III 209-229 [237-260].)

Таков был «нацистский план по завоеванию мира», ставший для союзников поводом для всей войны, включая Пирл-Харбор, Хиросиму и Ялту.

В ответ на немецкое предложение поляки заявили, что любое изменение статуса Данцига будет означать войну. Была объявлена всеобщая мобилизация. Депортации немцев продолжились, в результате чего у польско-германской границы стали появляться всё новые лагеря беженцев.

31 августа 1939 года польский посол в Германии Липский заявил, что он хорошо осведомлён об обстановке внутри Германии, проработав там не один год. Никакие дипломатические ноты или предложения со стороны Германии его не интересуют. В слу-

чае войны в Германии вспыхнет революция, и польская армия с триумфом дойдёт до самого Берлина (XVII 520-521 [565-566], 564-566 [611-614]; XX 607 [661]).

Риббентроп утверждал, что подобное отношение со стороны поляков делало войну неизбежной, что вопрос Коридора и депортаций обязательно нужно было решить, что и для Гитлера, и для Сталина соответствующие территории были землями, которых их страны лишились после губительной войны, за которой последовали не менее губительные мирные договоры (X 224-444 [254-500]; XVII 555-603 [602-655]).

В Нюрнберге у немцев для этого было только одно объяснение: поляки и англичане поддерживали контакт с так называемым немецким «сопротивлением», которое сильно преувеличивало свои масштабы (XVII 645-661 [699-717]; XIII 111-112 [125-126]).

В качестве свидетеля на суде выступил переводчик Гитлера Пауль Шмидт, который поведал, что немцы оказывались верить в то, что англичане вступят в войну после того, как их собственный посол назвал действия Германии разумными. Согласно Шмидту, когда было получено сообщение о том, что Англия объявила Германии войну, в комнате на целую минуту воцарилось молчание, после чего Гитлер повернулся к Риббентропу и сказал: «И что же нам теперь делать?» (X 200 [227])

Показания Шмидта пролили свет на знаменитое высказывание, приписываемое Риббентропу, согласно которому евреев следует либо убивать, либо отправлять в концлагеря. Согласно Шмидту (X 203-204 [231]), в действительности дело обстояло так. Гитлер оказывал давление на Хорти, побуждая его принять более жёсткие меры по отношению к евреям. Хорти сказал: «Что я должен делать? Я не могу их убить». На это Риббентроп, будучи крайне раздражён, ответил: «Есть два варианта: либо это, либо интернирование». В протокол конференции это было включено как: «Рейхсминистр иностранных дел сказал, что евреев нужно либо убивать, либо отправлять в концлагеря». На Нюрнбергском процессе эти слова были использованы против Риббентропа и всех других подсудимых, несмотря на показания Шмидта (всеми уважаемого человека, не бывшего членом нацистской партии), согласно которым протокол конференции был неточным (X 410-411 [462-463]).

Согласно Риббентропу, Редеру, Герингу и почти всем подсудимым (за исключением Шахта), Германия не была готова к войне и не планировала никакой «агрессии» (XVII 522 [566-567]; XXII 62, 90 [76, 105]).

Вторжение в Бельгию, Голландию и Францию нельзя назвать агрессией, поскольку это Франция объявила Германии войну, а Бельгия и Голландия разрешали английским самолётам каждую ночь пролетать над их территорией и бомбить Рур; в связи с этим немцы 127 раз выражали протест в письменной форме (XVII 581 [630]; XIX 10 [16]).

Геринг, Редер, Мильх и многие другие сообщили, что в 1939 году у Германии было только 26 подводных лодок, годных для эксплуатации в Атлантическом океане, по сравнению с 315 подводными лодками в 1919 году (XIV 26 [34]), и смехотворное, согласно словам Мильха, количество бомб (XIX 4-5 [11-12]).

В мае 1939 года Гитлер сообщил Мильху, что в производстве бомб в полном объёме нет необходимости, поскольку никакой войны не будет. На это Мильх ответил, что полного объёма производства бомб в любом случае можно будет достигнуть только через несколько месяцев, поскольку для этого нужно время. В конце концов приказ о переходе на полный объём производства бомб был отдан только 12 или 20 октября 1939 года (IX 50 [60-61]; XVII 522 [566-567]).

Немецкие ВВС предназначались для оборонительных бомбардировок точечных целей; до 1938 года Германия сотрудничала с СССР и Великобританией в обмен на техническую информацию о военных параметрах (IX 45-133 [54-153]; XIV 298-351 [332-389]).

Немцы так никогда и не построили количества боевых кораблей и, в особенности, подводных лодок (XIV 24 [31]), дозволенного им по условиям англо-германского военно-морского соглашения 1935 года (XVIII 379-389 [412-425]). Это соглашение означало, что англичане признают, что Версальский мирный договор устарел. Кроме того, Гитлер по собственной инициативе ограничил запас немецких военно-морских вооружений и боеприпасов (XIX 224-232 [250-259]).

Когда началась война, многие крупные немецкие боевые корабли всё еще находились на стадии строительства, и их пришлось сдать на металлолом, так как для завершения их строительства понадобилось бы несколько лет (XIII 249-250 [279-280], 620-624 [683-687]). Согласно письменному показанию капитана одного из крупнейших немецких боевых кораблей «Гнайзенау» («Gneisenau»), когда началась война, его корабль находился в учебном плавании у Канарских островов, не имея на борту никаких боеприпасов (XXI 385 [425]).

Гитлер любил блефовать и запугивать политиков крайне нелогичными речами, противоречащими как самим себе (XIV 34-48 [43-59], 329-330 [366]), так и друг другу (XXII 66-68 [80-81]). По этой причине до 1941 года стенограммы его выступлений никогда не делались (XIV 314-315 [349-350]).

Многие из «речей Гитлера» частично или полностью являются подделками (XVII 406-408 [445-447]; XVIII 390-402 [426-439]; XXII 65 [78-79]).

Немцы полагали, что Версальский договор их больше не связывает, поскольку его условия (в частности, преамбула к пятой части) были нарушены и англичанами, и, в ещё большей степени, французами. Согласно Версальскому договору, вслед за разоружением Германии должно было последовать всеобщее разоружение (IX 4-7 [12-14]; XIX 242 [269], 356 [392]).

Гитлер сказал, что готов разоружиться «до последнего пулемёта» — при условии, что другие государства поступят точно так же; Германия, однако, не могла вечно оставаться в ослабленной позиции, при которой её в любой момент могли захватить и уничтожить. Ремилитаризация Рейнской области дала Германии естественные границы, защищающие Рур; это был совершенно нормальный поступок для любого правительства. Восточная Европа жаждала конфликта между государствами с крупными запасами вооружений, Восточная Пруссия была незащищена, а Польша открыто требовала частей территории Верхней Силезии (XII 476-479 [520-524]; XIX 224-232 [249-259]; XX 570-571 [623-624]).

Советско-французское соглашение от 5 декабря 1934 года стало нарушением локарнских договоров, однако в Нюрнберге виновной в их нарушении назвали Германию (XIX 254, 269, 277 [283, 299, 308]).

Было не ясно, нарушает ли оккупация «остаточной» Чехословакии Мюнхенское соглашение (X 259 [293-294]). Это было сделано из-за того, что СССР строил там аэродромы в сотрудничестве с чехами, рассчитывая превратить «остаточную» Чехословакию в «авианосец», с которого можно будет напасть на Германию (X 348 [394-395], 427-430 [480-484]).

Как известно, Рузвельт заявил, что интересы США простираются на всё Западное полушарие, а англичане хотели превратить в свои доминионы чуть ли не полмира, так что интересы Германии вполне могли простираться на часть Чехословакии. От Праги до Берлина было полчаса лёту, и чешские действия представляли явную угрозу безопасности Германии.

Вообще, нет таких договоров, которые бы длились вечно. Все договора рано или поздно становятся устаревшими и заменяются новыми. Это, как правило, предусматривается в самом договоре в виде формулировки «rebus sic stantibus» («при неизменном положении вещей», «пока обстоятельства не изменились»). А к 1935 году Версальский и локарнские договоры явно устарели.

Альфред Розенберг и Эрнст Заукель

Как и Франка, Розенберга обвинили в «хищении» и «разграблении» произведений искусства. И Розенберг, и Франк отметили, что, согласно положениям 4-й Гаагской конвенции о сухопутной войне, Германия была обязана охранять произведения искусства, а для этого их необходимо было вывозить из района боевых действий. Произведения искусства аккуратно упаковывались, оценивались и реставрировались. Если бы немцы действительно хотели «грабить» и «мародёрствовать», то для этого им не нужно было бы составлять каталоги всех этих предметов, занося в них точную информацию об имени, фамилии и адресе владельца, если те были известны.

Несколько произведений искусства были присвоены Герингом, но не для личного пользования, а для музея, который Гитлер намеревался открыть в Линце. Розенберг протестовал против подобного присвоения на том основании, что в его обязанности входило хранить все коллекции в нетронутом виде вплоть до конца войны, в надежде на то, что в отношении этих предметов можно будет достичь мирного соглашения.

Розенберга обвинили также в хищении тысяч железнодорожных вагонов с мебелью. Мебель эта принадлежала евреям, покинувшим свои дома при немецком наступлении на Париж. Еврейские квартиры были опечатаны сроком на 90 дней, после чего имевшееся в них имущество было конфисковано как брошенное, поскольку его сохранность нельзя было обеспечить. Впоследствии оно передавалось немецким гражданам, чьи дома были разрушены союзническими бомбардировками. Немцы опять-таки надеялись достичь соглашения по этим предметам при заключении мирного договора.

Министерство Розенберга получало большое количество жалоб, каждая из которых тщательно изучалась. Многие из жалоб были признаны необоснованными. В Нюрнберге же было сочтено, что все эти жалобы были обоснованными. Письма, полученные Розенбергом, использовались в качестве доказательства его вины — несмотря на то, что ответы его на эти письма были утеряны. Было решено, что эти жалобы и письма доказывают «добровольное участие в Общем плане».

Розенберга обвинили в том, что он сговорился с Заукелем с целью получения «рабов» с оккупированных территорий для военной промышленности. В ответ Розенберг, Заукель, Шпеер, Геринг и Зейсс-Инкварт заявили, что если бы не союзническая блокада, то никакого «разграбления» и «рабства» не понадобилось бы, а также что морская блокада была противозаконной и привела к массовой безработице на оккупированных территориях и что, согласно 4-й Гаагской конвенции о сухопутной войне, оккупационные правительства вправе требовать платы в виде услуг. Что касается «рабов», то они получали ту же зарплату, что и немецкие рабочие, исполнявшие трудовую повинность. Функ сообщил, что в течение войны «рабы» отправили своим семьям 2 миллиарда рейхсмарок из своих зарплат (XIII 136 [153]). Зейсс-Инкварт сообщил, что в одной только Голландии блокада сделала безработными полмиллиона человек, и что, если бы им не была предоставлена работа (либо на добровольной, либо на принудительной основе), то они бы вступили в движение Сопротивления, которое было противозаконно согласно международному праву. Они были вполне рады работать на немецких оборонительных сооружениях в Голландии, поскольку это делало менее вероятным вторжение союзников через Голландию (возможность вторжения союзников явилась также причиной депортации голландских евреев) (XV 662-668 [719-726]; XIX 99-102 [113-115]).

Фриче и другие сообщили, что «рабы» могли свободно прогуливаться по улицам всех немецких городов (XVII 163-164 [183-184]), имели более чем достаточно денег и контролировали чёрный рынок (XIV 590 [649]). Кроме того, сотни тысяч этих «рабов» отказались покидать Германию после войны, несмотря на то, что их страны были теперь «освобождены», а Германия лежала в руинах (XVIII 155 [172-173]). И, наконец, «рабы» вовсе не стали бунтовать в конце войны (XVIII 129-163 [144-181], 466-506 [509-554]; XIX 177-216 [199-242]; XXI 471-472 [521-522]).

Заукель показал, что во Франции набор рабочей силы для «рабского труда» проводился французским правительством и французскими коллаборационистскими организациями. Многие хотели работать «по принуждению», чтобы избежать репрессалий со стороны Сопротивления (XV 1-263 [7-290]), и все они получали ту же зарплату, работали на тех же договорных условиях и пользовались теми же привилегиями в области здравоохранения, что и немецкие рабочие.

Что касается «грабежа» оккупированных территорий, то туда, наоборот, нужно было доставлять множество ценного оборудования. В СССР при отступлении было уничтожено буквально всё, поэтому немцам приходилось ввозить туда своё собственное, дорогостоящее оборудование. Отступая, немцы забирали с собой всё ввезённое ими оборудование; это было названо «грабежом» (IX 171-172 [195-196]).

Примером жалобы, ставшей «преступлением», была история о «посетителях театра, угнанных в рабство». Заукель несколько месяцев изучал эту жалобу и установил, что речь шла о случае, когда один трудовой подрядчик прервал вечеринку, организованную для его рабочих, чтобы отправить их на другое рабочее место (XV 17-18 [25-26]).

По мере того, как положение Германии на фронтах становилось всё тяжелее, немцам требовалось всё больше рабочих рук. Если союзники имели право конфисковывать имущество нейтральных стран в открытом море, то немцы уж точно имели право использовать ресурсы оккупированных стран на суше.

Розенберга обвинили также в организации так называемой «сенной акции» («Heu Aktion»), при которой якобы было похищено и угнано в рабство 50 тысяч детей. И Розенберг, и фон Ширах показали, что в действительности речь шла об ученической программе, целью которой была эвакуация сирот из зоны боевых действий (XI 489-490 [538-539]; XIV 501-505 [552-556]). Если сирот не эвакуировало министерство Розенберга, то это делал Вермахт.

Похожее обвинение было связано с организацией «Лебенсборн» («Lebensborn»). Её целью, если верить психически нездоровым «историкам»-евреям, было похищение новорождённых детей после измерения величины их детородных органов. В действительности же данная организация была создана для того, чтобы снимать клеймо незаконнорожденности и помогать многодетным семьям (XXI 654-664 немецкого издания; в издание на английском языке эти страницы не вошли; см также: XXI 352 [389]).

Смотри о Розенберге здесь: XI 444-599 [490-656]; XVIII 69-128 [81-143].

Ялмар Шахт

Шахт представляет собой аномальный случай: выдвинутые против него обвинения противоречат тем, что были выдвинуты против остальных подсудимых. Если других подсудимых обвиняли в совершении «аморальных поступков», доказывающих их «добровольное участие в Общем плане» (принятие подарков ко дню рождения, выступление с речами по случаю дня рождения, фотографирование с Гитлером, подписание законов, утверждённых главой государства, заключение с главой государства политического соглашения), или в том, что они не исполнили свой моральный долг, не свергнув или не убив главу государства (обязанность, которую уж точно нельзя приписать законом!), то Шахта обвинили во всех этих вещах и в придачу — в нарушении клятвы верности, данной Гитлеру, и в обмане Гитлера. Это было сочтено доказательством особой подлости (XII 597 [652-653]).

Для доказательства двуличности нацистов широко приводилось сделанное Шахтом замечание о необходимости лгать; при этом было забыто, что жертвой обмана в данном случае был не кто иной, как Гитлер.

Шахт делал по всем этим обвинениям едкие замечания, превзойдя в своём сарказме самого Геринга. Обвинитель Роберт Джексон, однако, так и не понял, что Шахт над ним попросту издевается (XII 416-493 [454-539], 507-602 [554-658]; XIII 1-48 [7-58]; XVIII 270-312 [299-342]).

Заявление Джексона о том, что он заставил Шахта сознаться во лжи, было всерьёз воспринято многими людьми, не знавшими, что Джексон был врождённым лжецом (см., например: II 438 [483]; IX 500-504 [555-559]).

Бальдур фон Ширах

Фон Ширах, бывший руководитель Гитлерюгенда, был обвинён в том, что он сговорился с миллионами детей завоевать весь мир в форме, похожей на ту, что носят бойскауты. В его защиту было сказано, что заговор с участием миллионов членов — это полный абсурд (XIV 360-537 [399-592]; XVIII 430-466 [470-509]).

Для достижения своих гнусных целей «заговорщики» практиковались в стрельбе из винтовок двадцать второго калибра (XIV 381 [420-421]) и распевали песни трёхсотлетней давности (XIV 474 [521]).

Вообще, обвинители в Нюрнберге умудрялись находить преступления повсюду. Так, в деле против СА статья об уходе за ногами была приведена в качестве доказательства «намерения ввязаться в агрессивную войну» (XXI 221-223 [248-250]).

Ганс Марсалек обвинил Шираха в том, что он знал о имевших место злодеяниях. Марсалек — это тот самый свидетель, который «вспомнил» о «признании» Франца Цирайса, коменданта концлагеря Маутхаузен, через год после смерти последнего. Эти «воспоминания» (шесть страниц дословных (!) цитат) были использованы против Кальтенбруннера (XI 330-333 [365-369]; XIV 436-440 [480-485]).

Ещё одно преступление Шираха состояло в том, что он был низким и толстым («низкий и толстый студенческий лидер» выступил с антисемитской речью; письменное показание Георга Цимера (Georg Ziemer), PS-244, XIV 400-401 [440-441]). Сам Ширах это обвинение отверг.

В свою бытность гауляйтером Вены Ширах якобы получал отчёты айнзатцгрупп. Эти «отчёты» представляют собой фотокопии «верных копий», составленных незнакомыми лицами на обыкновенной бумаге без каких-либо штампов и подписей и якобы найденных русскими в одной соляной шахте (II 157 [185]; IV 245 [273]; VIII 293-301 [324-332]).

Согласно этим документам, в Катынском преступлении повинны немцы (NMT IV 112, айнзатцгруппы).

Немцы якобы убили не то двадцать два миллиона (XXII 238 [270]), не то двенадцать миллионов (XXII 312 [356]) человек, после чего тела были сожжены, а документы закопаны. Однако, как известно, документы горят намного легче, чем тела.

Ширах и Штрайхер были введены в заблуждение «фотокопией» документа, якобы принадлежащего Гитлеру, в котором Гитлер «признаётся» в массовых убийствах (XIV 432 [476]; XII 321 [349]). Учитывая, что Гитлер был гением (X 600 [671-672]), а гении не убивают миллионы людей дизельными выхлопами и средством от насекомых, отнимающим 24 часа в случае с молью (документ NI-9912), значимость этого документа, похоже, была несколько преувеличена. В принципе, этот документ весьма типичен для Гитлера — он малосодержателен и содержит множество резких слов. Не ясно также, был ли Гитлер в 1945 году в здравом уме (IX 92 [107]). «Признание» Гитлера представляет собой «заверенную» фотокопию (документ 9, представленный защитой Штрайхера, XLI 547).

Артур Зейсс-Инкварт

Зейсс-Инкварт служит хорошей иллюстрацией того, как совершенно законные действия становятся преступлением, если их совершают немцы, в то время как аналогичные действия или действия, являющиеся преступлением согласно Уставу самого же Трибунала (например, бомбардировки Дрездена, незаконные согласно статье 6(b), XXII 471, 475 [535, 540]), называются небольшими перегибами в рамках священного похода по искоренению зла.

Согласно международному праву, оккупационные правительства могут издавать такие законы, какие они сочтут нужными (право, о котором заявил сам Трибунал, XXII 461 [523], однако этому противоречит XXII 497 [565-566]); подчинение их власти является обязательным. Оккупационные власти вправе вводить трудовую повинность в определённых рамках, конфисковывать государственную собственность, взимать налоги на покрытие затрат оккупации. Они  не обязаны мириться с вооружённым сопротивлением, забастовками, публикацией враждебных газет, так же как и нанимать местных служащих, которые не будут подчиняться их приказам.

Подписание документов инициалами и распространение приказов не являются преступлениями по международному праву. В конце войны Зейсс-Инкварт помог избежать много ненужного разрушения, которое было бы противозаконным (XV 610-668 [664-726]; XVI 1-113 [7-128]; XIX 46-111 [55-125]).

Будучи рейхскомиссаром Голландии, Зейсс-Инкварт передавал приказы о казни членов Сопротивления после того, как они были приговорены к смертной казни за акты саботажа или вооружённое сопротивление (незаконные согласно Гаагской конвенции). Приговоры приводились в силу, если имели место новые акты саботажа. На Нюрнбергском процессе это было названо «казнью заложников». Понятие «заложник», однако, в данном случае является неверным (XII 95-96 [108]; XVIII 17-19 [25-27]; XXI 526 [581], 535 [590]).

Обвинение признало, что по международному праву подобные действия со стороны немцев были законными (V 537 [603-604]) и что членов Сопротивления можно было расстреливать (V 405 [455-456]).

4-й Гаагская конвенция о сухопутной войне от 18 октября 1907 г. содержит пункт о всеобщем участии (ст. 2); согласно ей, с воюющих сторон, нарушивших конвенцию, может быть потребована компенсация (ст. 3); бомбардировки «в любой форме» незащищённых городов, памятников культуры запрещаются (ст.ст. 23, 25, 27, 56). Гаагская конвенция не была ратифицирована Болгарией, Грецией, Италией, Югославией, но была ратифицирована царской Россией.

Альберт Шпеер

Шпеер был осуждён за использование миллионов людей в качестве рабов на немецких военных заводах, где их заставляли спать в писсуарах (документ D-288, письменное показание под присягой Вильгельма Йегера, обсуждавшееся в главе о Р. Хёссе) и пытали в серийно выпускавшихся «пыточных ящиках», замаскированных под обычные платяные шкафы (документ USA-897; подобные утверждения о причудливой маскировке позволяли обвинению представлять совершенно обычные предметы в качестве доказательства мнимых злодеяний).

По поводу данного обвинения Шпеер сказал: «Я считаю это письменное показание ложью... нельзя так втаптывать в грязь немецкий народ» (XVI 543 [594]).

Шпеер был из тех людей, что успешны при любом режиме. Он всегда говорил, что ничего не знал о «массовых убийствах», но вместе с тем сказал, что если бы заключённых сжигали с помощью атомных бомб (галлюцинация Роберта Джексона, XVI 529-530 [580]), то он бы об этом обязательно узнал.

Шпеер заявил, что у него имелся план убийства Гитлера посредством крайне изощрённого нервно-паралитического газа (XVI 494-495 [542-544]). Этот план так и не удалось воплотить в жизнь, поскольку соответствующий газ высвобождался только при высоких температурах (XVI 529 [579]).

Кстати, с Циклоном-Б (инсектицидом, якобы использовавшемся в газовых камерах) имеется схожая трудность — в том смысле, что жидкость должна испариться, и, если её не нагреть, то это займёт очень много времени. Вообще, передовые немецкие технологии и крупный рост немецкой промышленности делают просто смехотворными истории о том, что немцы убивали людей в газовых камерах и душегубках с помощью дизельных выхлопов или средств для насекомых.

Что ж, немецкий народ действительно было бы труднее «втоптать в грязь», не будь типов, подобных Альберту Шпееру.

Смотри о Шпеере здесь: XVI 430-588 [475-645]; XIX 177-216 [199-242].

Юлиус Штрайхер

Штрайхер был повешен за «разжигание расовой ненависти» — преступление, которое всё больше входит в моду. Случай с Штрайхером примечателен тем, что здесь страны, исповедующие принцип отделения церкви от государства, а также свободу слова и печати, сговорились с евреями и коммунистами, с тем чтобы повесить человека за выражение мнений, которые не обязательно были неправильными.

Одним из преступлений Штрайхера было опубликование в своей антисемитской газете «Штюрмер» приложения о ритуальных убийствах, совершаемых евреями. Обвинение открыто признало, что приведённые там иллюстрации были подлинными (V 103 [119]), а ссылки — достоверными. Помимо прочего, Штрайхер ссылался как минимум на одного признанного учёного, Эриха Бишофа из Лейпцига, а также на современные процессуальные действия (IX 696-700 [767-771]). Трибунал счёл, что изучение достоверности этих ссылок необоснованно затянуло бы процесс, и не стал заявлять, что данная статья является лживой. Взамен судьи прибегли к телепатии и приговорили Штрайхера к повешению за его предполагаемые мысли и мотивацию.

Другим преступлением Штрайхера было то, что он назвал Ветхий завет «жутким детективным романом» и сказал, что «эта «священная» книга изобилует убийствами, кровосмешением, мошенничеством, кражами и непристойностями». Никаких доказательств, которые бы опровергали эту точку зрения, представлено не было (V 96 [112]).

Штрайхер широко известен как «любитель порнографии», «сексуальный извращенец» и «аферист». Что касается его «порнографической коллекции», то при более близком рассмотрении оказалось, что это — архив Иудаики, хранившийся в редакции «Штюрмера» (XII 409 [445]).

Обвинение в «сексуальных извращениях», на котором особо настаивала советская сторона, основывалось на так называемом докладе Геринга — дисциплинарном партийном разбирательстве, возбуждённом по иску одного из многочисленных врагов Штрайхера. В итоге суд в Нюрнберге снял со Штрайхера это обвинение и вычеркнул его из стенограммы заседания. Штрайхеру было сказано, что ему не нужно отвечать на вопросы, связанные с этим обвинением (XII 330, 339 [359, 369]).

«Аферы с недвижимостью» также основывались на докладе Геринга и относились к одному-единственному случаю, связанному с предприятием «Mars-Werke». Лицом, ответственным за обвинения, содержавшиеся в докладе, было, по странному совпадению, лицо, ответственное за приобретение (V 106 [123]). В докладе говорится, что после расследования акции были возвращены предприятию, а Штрайхеру была возвращена заплаченная за них сумма — 5000 рейхсмарок.

Штрайхер поручил ведение всех своих дел своим управляющим, сказав им: «Не беспокойте меня деловыми вопросами. Есть вещи намного важнее денег». Штрайхер сообщил, что до самого конца войны его газета печаталась в небольшом домике, снимаемом в аренду. Это не была партийная газета, и Штрайхер не имел ничего общего с военными делами.

В суде в качестве свидетеля выступил один из служащих Штрайхера, сообщив следующее: «Любому, кто знает герра Штрайхера так, как я, известно, что он никогда ничего не брал у евреев» (XII 385-386 [420]).

Вторая жена Штрайхера Адель, выступая в суде, заявила: «Я считаю, что Юлиус Штрайхер никак не мог приобрести акции подобным образом. Думаю, что он даже не знает, как выглядит акция» (XII 391 [426]).

В Нюрнберге не утверждалось, что Штрайхер собственноручно писал все статьи для своей газеты. Название статьи «Trau keinem Fuchs auf grüner Heid, und keinem Jud' bei seinem Eid», переведённое обвинением как «Не верь лисе, что бы ты ни делал, так же как и клятве еврея» (XXXVIII 129), было позаимствовано у Мартина Лютера.

Что касается знаменитой статьи «Der Giftpilz» («Ядовитый гриб»), то она была написана одним из редакторов Штрайхера. В её основу легла подлинная история о знаменитом маньяке-педофиле, еврейском промышленнике Луисе Шлоссе (XII 335 [364-365]).

Впоследствии Шлосс погиб в Дахау, что стало ещё одним «нацистским злодеянием». Обсуждая гибель Шлосса, обвинение ни разу не упомянуло о том, что он был педофилом, сексуальным извращенцем; взамен было создано такое впечатление, что Шлосса убили только из-за того, что он еврей (документ PS-664, XXVI 174-187).

Никаких причинных связей между «антисемитскими убеждениями» Штрайхера, Франка или Розенберга и совершением какого-либо преступления найдено не было. Также не было доказано, что преступление, о котором идёт речь («холокост»), вообще имело место. Это было всего лишь допущено. Было также сочтено, что сочинения Штрайхера стали одним из мотивов, спровоцировавших это преступление.

Штрайхер сделал ряд «крайне неуместных» замечаний, которые были вычеркнуты из стенограмм заседаний и за которые он получил предупреждение, с согласия своего адвоката Маркса. Одно из этих замечаний должно было появиться на стр. 310 тома XII печатного издания, после пятого абзаца (стр. 337 немецкого издания, после тридцатой строки), но было удалено. Его, однако, можно найти на стр. 8494-8495 копии стенограммы заседания, полученной на мимеографе. Штрайхер сказал:

«Если вы позволите мне закончить рассказ о моей жизни, то это будет рассказ о том, что покажет вам, уважаемые члены Трибунала, что без согласия правительства могут происходить вещи, которые не являются гуманными, которые не соответствуют принципам гуманности.

Господа, я был арестован, и, когда я находился в заключении, со мною совершались вещи, в которых обвиняют нас, гестаповцев. Четверо суток я просидел в камере без одежды. Меня пытали горящими предметами. Меня швыряли на пол и заковывали в железную цепь. Меня заставляли целовать ноги негров, которые плевали мне в лицо. Два негра и один белый офицер плевали мне в рот, а когда я не хотел его больше открывать, они раскрыли мне его деревянной палкой; когда я попросил воды, меня отвели в уборную и сказали, чтоб я пил оттуда.

В Висбадене, господа, один доктор сжалился надо мной, и я заявляю, что директор госпиталя, еврей, обращался со мной корректно. Я говорю — не поймите меня неправильно, — что еврейские служащие, сторожащие нас здесь в тюрьме, обращаются с нами корректно и что врачи, лечащие меня, внимательны и тактичны. Из этого заявления вы можете увидеть разницу на данный момент между той и этой тюрьмой».

Ещё одно «неуместное замечание» должно было появиться после первого абзаца стр. 349 [379] тома XII и также было удалено. Прочесть его можно на стр. 8549 копии стенограммы заседания, полученной на мимеографе: «Чтобы избежать недоразумения, я должен заявить, что во Фрайзинге меня сильно избивали, и я провёл несколько дней без одежды, так что в итоге я потерял сорок процентов слуха, и люди смеются, когда я переспрашиваю. С тем, что со мною так обращались, я не могу ничего поделать. Поэтому я хочу ещё раз услышать вопрос».

На это подполковник Гриффит-Джонс ответил: «Я могу Вам это показать и готов повторить вопрос так громко, как Вы захотите».

Учитывая, что всё вышесказанное основывалось на личном опыте Штрайхера, а не на слухах, трудно понять, почему эти замечания были вычеркнуты, в то время как слухи, выгодные для обвинения, были оставлены (в принципе, материалы обвинения почти целиком состоят из устных и письменных слухов). Если обвинение не поверило показаниям Штрайхера, согласно которым его пытали, то они были вольны подвергнуть его перекрёстному допросу, чтобы выявить возможные несоответствия и показать, что он, возможно, лжёт. Вместо этого ему попросту вынесли предупреждение и вычеркнули замечания из стенограмм заседаний. Вот вам и справедливый процесс.

Штрайхер заявил, что его призывы к «уничтожению» еврейства были, по большей части, вызваны союзническими бомбёжками и призывами к уничтожению немецкого народа, звучавшими с другой стороны: «Если в Америке писатель по имени Эрик [правильно: Теодор] Кауфман может открыто требовать проведения в Германии стерилизации всех мужчин, способных к продолжению рода, с целью уничтожения немецкого народа, то я говорю:

«Око за око, зуб за зуб». Это чисто теоретический, литературный вопрос» (XII 366 [398-399]).

Смотри о Штрайхере здесь: V 91-119 [106-137]; XII 305-416 [332-453]; XVIII 190-220 [211-245].

www.ingramcontent.com/pod-product-compliance
Lightning Source LLC
LaVergne TN
LVHW041542060526
838200LV00037B/1097